3일 벼락치기 NCS 시리즈는?

스펙 쌓기 경쟁은 과열되고 취업의 벽은 점점 높아지는데…

NCS까지 대비하기에는 시간이 턱없이 부족하시죠?

그래서 시스컴이 야심차게 준비한

NCS 3일 벼락치기 시리즈!

태블릿 PC나 좀 큰 스마트폰과 유사한 그립감을 주는

작은 크기와 **얇은 두께**로 휴대성을 살렸지만

꽉 찬 구성으로, **효율성은 UP↑ 공부 시간은 DOWN↓**

3일의 투자로 최고의 결과를 노리는

3일 벼락치기 NCS 직업기초능력평가 6권 시리즈

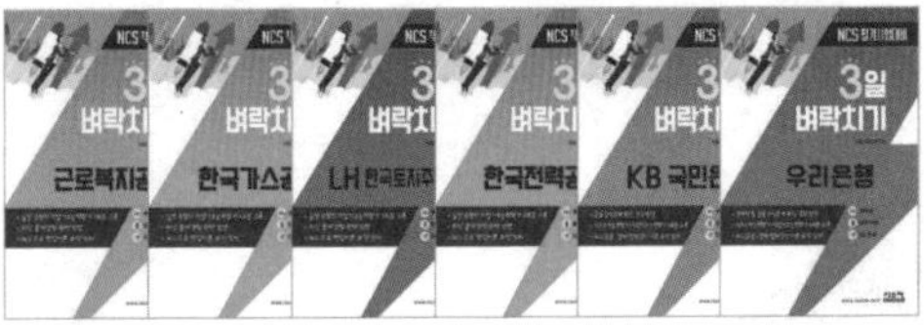

근로복지공단 / 한국가스공사 / LH 한국토지주택공사 / 한국전력공사 / KB 국민은행 / 우리은행

Vision

NCS 필기시험대비

3일 벼락치기

타임 NCS 연구소

KB 국민은행

3일 벼락치기

KB 국민은행

인쇄일 2020년 8월 1일 초판 1쇄 인쇄
발행일 2020년 8월 5일 초판 1쇄 발행
등 록 제17-269호
판 권 시스컴2020

발행처 시스컴 출판사
발행인 송인식
지은이 타임 NCS 연구소

ISBN 979-11-6215-524-0 13320
정 가 10,000원

주소 서울시 양천구 목동동로 233-1, 1007호(목동, 드림타워) | **홈페이지** www.siscom.co.kr
E-mail master@siscom.co.kr | **전화** 02)866-9311 | **Fax** 02)866-9312

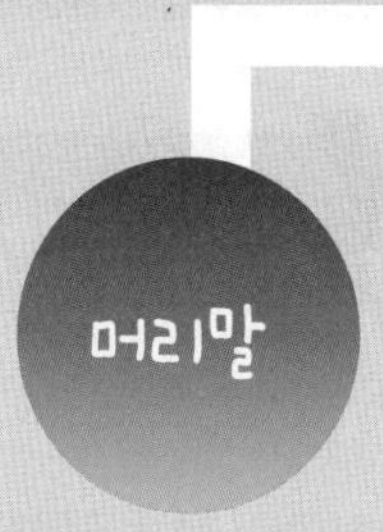

NCS(국가직무능력표준, 이하 NCS)는 현장에서 직무를 수행하기 위해 요구되는 능력을 국가적 차원에서 표준화한 것으로 2015년부터 공공기관을 중심으로 본격적으로 실시되었습니다. NCS는 2016년 이후 산하기관을 포함한 약 600여 개의 공공기관으로 확대 실시되고, 이중 필기시험은 직업기초능력을 평가합니다.

NCS는 기존의 스펙위주의 채용과정을 줄이고자 실제로 직무에 필요한 능력을 위주로 평가하여 인재를 채용하겠다는 국가적 방침입니다. 기존의 공사 · 공단 등의 적성검사는 NCS 취지가 반영된 형태로 변하고 있기 때문에 변화하는 양상에 맞추어 시험을 준비해야 합니다.

필기시험의 내용으로 대체되는 직업기초능력은 총 10개 과목으로 출제기관마다 이 중에서 대략 5~6개의 과목을 선택하고 시험을 치르며 주로 의사소통능력, 수리능력, 문제해결능력을 선택합니다.

본서는 은행권 대비 수험서로, 직업기초능력을 NCS 공식 홈페이지의 자료로 연구하여 필요한 이론을 요약 정리하여 수록하였고, 실전 모의고사를 통해 학습자의 실력을 스스로 확인해 볼 수 있게 준비하였습니다.

예비 은행권 종사자들에게 아름다운 합격이 함께하길 기원하겠습니다.

타임 NCS 연구소

1 NCS(기초직업능력평가)란 무엇인가?

1. 표준의 개념

국가직무능력표준(NCS.national competency standards)은 산업현장에서 직무를 수행하기 위해 요구되는 지식 · 기술 소양 등의 내용을 국가가 체계화한 것으로 산업현장의 직무를 성공적으로 수행하기 위해 필요한 능력(지식, 기술, 태도)을 국가적 차원에서 표준화한 것을 의미합니다.

산업현장 적합 인적자원 개발

개선

자 격 + 경력개발 + 교육훈련

적용

국가직무 능력표준 ▶	지식	기술	태도
	기술	태도	지식

산업계 요구

산업현장 ▶	지식	기술	태도
	기술	태도	지식

〈국가직무능력표준 개념도〉

2. 표준의 특성

| 한 사람의 근로자가 해당 직업 내에서 소관 업무를 성공적으로 수행하기 위하여 요구되는 실제적인 수행 능력을 의미합니다.

- 직무수행능력 평가를 위한 최종 결과의 내용 반영
- 최종 결과는 '무엇을 하여야 한다' 보다는 '무엇을 할 수 있다'는 형식으로 제시

| 해당 직무를 수행하기 위한 모든 종류의 수행능력을 포괄하여 제시합니다.

- 직업능력 : 특정업무를 수행하기 위해 요구되는 능력
- 직업관리 능력 : 다양한 다른 직업을 계획하고 조직화하는 능력
- 돌발상황 대처능력 : 일상적인 업무가 마비되거나 예상치 못한 일이 발생했을 때 대처하는 능력
- 미래지향적 능력 : 해당 산업관련 기술적 및 환경적 변화를 예측하여 상황에 대처하는 능력

| 모듈(Module)형태의 구성

- 한 직업 내에서 근로자가 수행하는 개별 역할인 직무능력을 능력단위(unit)화하여 개발
- 국가직무능력표준은 여러 개의 능력단위 집합으로 구성

| 산업계 단체가 주도적으로 참여하여 개발

- 해당분야 산업별인적자원개발협의체(SC), 관련 단체 등이 참여하여 국가직무능력표준 개발

- 산업현장에서 우수한 성과를 내고 있는 근로자 또는 전문가가 국가직무능력표준 개발 단계마다 참여

3. 표준의 활용 영역

- 국가직무능력표준은 산업현장의 직무수요를 체계적으로 분석하여 제시함으로써 '일-교육 · 훈련-자격'을 연결하는 고리 즉 인적자원개발의 핵심 토대로 기능

〈국가직무능력표준의 기능〉

- 국가직무능력표준은 교육훈련기관의 교육훈련과정, 직업능력개발 훈련기준 및 교재 개발 등에 활용되어 산업수요 맞춤형 인력양성에 기여합니다. 또한, 근로자를 대상으로 경력개발, 경로개발, 직무기술서, 채용 · 배치 · 승진 체크리스트, 자가진단도구로 활용 가능합니다.
- 한국산업인력공단에서는 국가직무능력표준을 활용하여 교육훈련과정, 훈련기준, 자격종목 설계, 출제기준 등 제 · 개정 시 활용합니다.
- 한국직업능력개발원에서는 국가직무능력표준을 활용하여 전문대학 및 마이스터고 · 특성화고 교과과정을 개편합니다.

2 NCS 구성

능력단위

- 직무는 국가직무능력표준 분류체계의 세분류를 의미하고, 원칙상 세분류 단위에서 표준이 개발됩니다.
- 능력단위는 국가직무능력표준 분류체계의 하위단위로서 국가직무능력표준의 기본 구성요소에 해당됩니다.

〈국가직무능력표준 능력단위 구성〉

- 능력단위는 능력단위분류번호, 능력단위정의, 능력단위요소(수행준거, 지식 · 기술 · 태도), 적용범위 및 작업상황, 평가지침, 직업기초능력으로 구성

구성항목	내 용
1. 능력단위 분류번호 (Competency unit code)	– 능력단위를 구분하기 위하여 부여되는 일련번호로서 14자리로 표현
2. 능력단위명칭 (Competency unit title)	– 능력단위의 명칭을 기입한 것
3. 능력단위정의 (Competency unit description)	– 능력단위의 목적, 업무수행 및 활용범위를 개략적으로 기술
4. 능력단위요소 (Competency unit element)	– 능력단위를 구성하는 중요한 핵심 하위능력을 기술
5. 수행준거 (Performance criteria)	– 능력단위요소별로 성취여부를 판단하기 위하여 개인이 도달해야 하는 수행의 기준을 제시
6. 지식 · 기술 · 태도 (KSA)	– 능력단위요소를 수행하는 데 필요한 지식 · 기술 · 태도
7. 적용범위 및 작업상황 (Range of variable)	– 능력단위를 수행하는 데 있어 관련되는 범위와 물리적 혹은 환경적 조건 – 능력단위를 수행하는 데 있어 관련되는 자료, 서류, 장비, 도구, 재료
8. 평가지침 (Guide of assessment)	– 능력단위의 성취여부를 평가하는 방법과 평가 시 고려되어야 할 사항
9. 직업기초능력 (Key competency)	– 능력단위별로 업무 수행을 위해 기본적으로 갖추어야 할 직업능력

구성과 특징

핵심이론

NCS 직업기초능력평가를 준비하기 위해 각 기업이 선택한 영역에 대한 핵심이론을 요약하여 수록하였다.

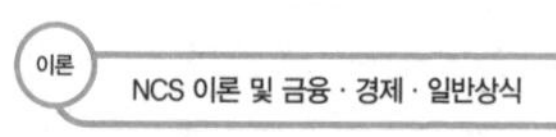

의사소통능력

1. 의사소통능력

(1) 의사소통 능력이란?

① 두 사람 또는 그 이상의 사람들 사이에서 일어나는 의사 전달 및 상호 교류를 의미하며, 어떤 개인 또는 집단에게 정보 · 감정 · 사상 · 의견 등을 전달하고 받아들이는 과정을 의미한다.

② 한사람이 일방적으로 상대방에게 메시지를 전달하는 과정이 아니라

기출유형문제

최신 출제 경향을 최대 반영한 실전모의고사 형태의 대표유형 문제들을 수록하여 학습을 마무리한 후 최종점검을 할 수 있도록 하였다.

제1회 KB 국민은행 필기모의

NCS

01 KB 국민은행과 관련한 다음 기사 내용에 대한 설명으로 옳지 않은 것은?

코로나19 확진자 방문으로 인해 임시 폐쇄되었던 KB 국민은행 대구지역 지점 7곳이 모두 업무를 재개했다.

KB 국민은행은 코로나19 방역을 위해 임시 폐쇄했던 대구지역 지점 7곳의 업무를 모두 재개했다고 28일 밝혔다. KB 국민은행에 따르면 28일 오전 10시부터 황금네거리지점과 범물동지점이 업무를 재개함에 따라 임시 폐쇄했던 대구 소재 지점은 모두 정상 영

정답 및 해설

이론을 따로 참고하지 않아도 명쾌하게 이해할 수 있도록 상세한 설명과 오답해설을 함께 수록하여 학습한 내용을 체크하고 시험에 완벽히 대비할 수 있도록 하였다.

37 다음 설명 중 옳지 않은 것은?

① A제품은 제품 구입 직후의 중고품 가격이 가장 낮다.
② 3년마다 새로 제품을 구입한다고 할 때는 C제품을 구매하는 것이 가장 유리하다.
③ B제품은 A제품과 C제품보다 장기 사용에 더 유리하다.
④ 구입 후 4년째 되파는 경우 A, B, C 제품 모두 구입가의 절반을 받지 못할 것이다.

4년 이후의 상품 가치가 가장 높은 제품은 A제품이다. 따라서 장기 사용에 가장 유리한 제품은 A제품이다. 따라서 ③은 옳지 않다.

① A제품은 구입 1년 후 상품 가치가 가장 낮은 제품이므로, 구입 직후 중고품 가격도 가장 낮다고 할 수 있다.
② 3년째 상품 가치가 가장 높은 것은 C제품이므로 가장 높은 중고품 가격으로 되팔 수 있다. 따라서 3년마다 새로 제품을 구입하는 경우 C제품을 구입하는 것이 가장 유리하다.
④ 사용 연수가 4년인 경우 A, B, C제품 모두 상품 가치가 50% 이하이므로, 되파는 경우 모두 구입가의 절반을 받지 못할 것이다.

1DAY 2DAY 3DAY

차 례

1.지원자격

- 연령, 학력, 전공 등 지원자격 제한 없음
- 남성의 경우 병역필 또는 면제자 또는 신입행원 연수 시작 전 전역이 가능한 자
- 「인사운영지침」상 채용에 결격 사유가 없는 자

2.채용절차

서류전형(서류심사 + A.I 역량검사) → 필기전형 → 면접전형(1 · 2차) → 신체검사 → 최종합격

※ 상기 일정 및 면접방식은 당행 사정에 따라 변경될 수 있으며, 합격자 발표 등 채용 관련 진행사항 및 향후 일정은 당행 채용 홈페이지를 통하여 안내될 예정입니다.

※ A.I 역량검사 진행 시 'PC카메라(노트북 카메라 사용가능)' 필수

3.우대사항

- 금융권 공동 채용박람회 KB국민은행 현장면접 우수자
- KB-KISA 핀테크 해커톤 수상자, KB국민은행 주관 A.I. Challenge 수상자, KB D.N.A 수상자
- KB캠퍼스스타 우수활동자
- 「국가유공자 등 예우 및 지원에 관한 법률」에 의한 국가보훈대상자
- 「장애인고용 촉진 및 직업재활법」에 의한 장애인

4. 필기전형

구분	영역	문항수
NCS 직업기초능력평가	• 의사소통능력 • 문제해결능력 • 수리능력	60문항
직무수행능력평가	• 경제상식 • 금융상식 • 일반상식	40문항

5. 제출서류

• 필기전형 합격자 중 해당자에 한하여 1차 면접전형 참석 시 제출
  – 우대자격증 사본 또는 증빙서류
  – 취업보호대상자(국가보훈대상자) 증명서, 장애인 증명서 사본
  – 전문자격 부문 지원자 : 지원분야 자격증 사본 또는 증빙서류

6. 기타안내

• 채용 시의 급여 및 처우사항 등은 당행 내규에 따라 정합니다.

• 입행지원서 기재사항이 사실과 다른 것으로 판명될 경우 합격(또는 채용)이 취소될 수 있습니다.

- 은행이 부정한 채용 청탁 사실을 인지하거나, 청탁 등 부정한 행위에 상당한 의심이 있는 경우로 은행 감사부서 또는 내부통제부서의 사실 확인이 완료된 경우 합격(또는 채용)이 취소될 수 있습니다.
- 전형별 미응시 또는 최종합격자 선정 후 신입행원 연수일정에 불참 시 합격(또는 채용)이 취소될 수 있습니다.
- 합격자 발표 후 건강검진 결과 업무수행에 지장을 줄 위험이 있는 병증이 있는 경우로 판단될 경우 합격(또는 채용)이 취소될 수 있습니다.
- 신입행원 연수 및 수습기간에 연수/근무평가가 불량하거나 업무능력이 현저히 부족하다고 판단될 경우 합격(또는 채용)이 취소될 수 있습니다.
- 기타 채용이 적절하지 않다고 인정되는 합리적인 이유가 있는 경우 합격(또는 채용)이 취소될 수 있습니다.

※ 기타 문의사항은 채용 홈페이지의 '채용문의'를 이용하여 주시기 바랍니다.

NCS 이론 및 금융 · 경제 · 일반상식

NCS 이론 및 금융 · 경제 · 일반상식

의사소통능력

1. 의사소통능력

(1) 의사소통 능력이란?

① 두 사람 또는 그 이상의 사람들 사이에서 일어나는 의사 전달 및 상호 교류를 의미하며, 어떤 개인 또는 집단에게 정보 · 감정 · 사상 · 의견 등을 전달하고 받아들이는 과정을 의미한다.

② 한사람이 일방적으로 상대방에게 메시지를 전달하는 과정이 아니라 상대방과의 상호작용을 통해 메시지를 다루는 과정이므로, 성공적인 의사소통을 위해서는 자신이 가진 정보와 의견을 상대방이 이해하기 쉽게 표현해야 할 뿐 아니라 상대방이 어떻게 받아들일 것인가에 대해서도 고려해야 한다.

③ **의사소통의 기능** : 조직과 팀의 효율성과 효과를 성취할 목적으로 이루어지는 정보 및 지식의 전달 과정으로써, 여러 사람의 노력으로 공동의 목표를 추구해 나가는 집단의 기본적인 존재 기반이자 성과를 결정하는 핵심 기능을 한다.

④ **의사소통의 중요성** : 제각기 다른 사람들의 시각 차이를 좁혀주며, 선입견을 줄이거나 제거해 주는 수단이다.

(2) 의사소통능력의 종류

① 문서적인 측면

㉠ **문서이해능력** : 업무에 관련된 문서를 통해 구체적인 정보를 획득 · 수집 · 종합하는 능력

㉡ **문서작성능력** : 상황과 목적에 적합한 문서를 시각적 · 효과적으로 작성하는 능력

② 언어적인 측면

㉠ **경청능력** : 원활한 의사소통의 방법으로, 상대방의 이야기를 듣고 의미를 파악하는 능력

㉡ **의사표현력** : 자신의 의사를 상황과 목적에 맞게 설득력을 가지고 표현하는 능력

1DAY 2DAY 3DAY

(3) 바람직한 의사소통을 저해하는 요인

① '일방적으로 말하고', '일방적으로 듣는' 무책임한 마음

→ 의사소통 기법의 미숙, 표현 능력의 부족, 이해 능력의 부족

② '전달했는데', '아는 줄 알았는데'라고 착각하는 마음

→ 평가적이며 판단적인 태도, 잠재적 의도

③ '말하지 않아도 아는 문화'에 안주하는 마음

→ 과거의 경험, 선입견과 고정관념

(4) 의사소통능력 개발법

① 사후검토와 피드백 활용

② 언어의 단순화

③ 적극적인 경청

④ 감정의 억제

(5) 인상적인 의사소통

① 인상적인 의사소통이란, 의사소통 과정에서 상대방에게 같은 내용을 전달한다고 해도 이야기를 새롭게 부각시켜 좋은 인상을 주는 것이다.

② 상대방이 '과연'하며 감탄하도록 내용을 전달하는 것이다.

③ 자신에게 익숙한 말이나 표현만을 고집스레 사용하면 전달하고자 하는 이야기의 내용에 신선함과 풍부함, 또는 맛깔스러움이 떨어져 의

사소통에 집중하기가 어렵다. 상대방의 마음을 끌어당길 수 있는 표현법을 많이 익히고 이를 활용해야 한다.

④ 자신을 인상적으로 전달하려면, 선물 포장처럼 자신의 의견도 적절히 꾸미고 포장할 수 있어야 한다.

2. 문서이해능력

(1) 문서이해능력이란?

① 작업현장에서 자신의 업무와 관련된 인쇄물이나 기호화된 정보 등 필요한 문서를 확인하여 읽고, 내용을 이해하여 요점을 파악하는 능력이다.

② 문서에 주어진 문장이나 정보를 읽고 이해하여 자신에게 필요한 행동이 무엇인지 추론할 수 있어야 하며 도표, 수, 기호 등도 이해하고 표현할 수 있는 능력을 의미한다.

(2) 문서의 종류와 용도

① **공문서** : 정부 행정기관에서 대내외적 공무를 집행하기 위해 작성하는 문서

② **기획서** : 적극적으로 아이디어를 내고 기획한 하나의 프로젝트를 문서 형태로 만들어, 상대방에게 기획의 내용을 전달하고 시행하도록 설득하는 문서

③ **기안서** : 회사의 업무에 대한 협조를 구하거나 의견을 전달할 때 작성하며 흔히 사내 공문서로 불림

④ **보고서** : 특정한 일에 관한 현황이나 그 진행 상황 또는 연구 · 검토 결과 등을 보고할 때 작성하는 문서

⑤ **설명서** : 상품의 특성이나 사물의 성질과 가치, 작동 방법이나 과정을 소비자에게 설명하는 것을 목적으로 작성하는 문서

⑥ **보도자료** : 정부 기관이나 기업체, 각종 단체 등이 언론을 상대로 자신

들의 정보가 기사로 보도되도록 하기 위해 보내는 자료

⑦ **자기소개서** : 개인의 가정환경과 성장과정, 입사 동기와 근무자세 등을 구체적으로 기술하여 자신을 소개하는 문서

⑧ **비즈니스 레터(E-mail)** : 사업상의 이유로 고객이나 단체에 편지를 쓰는 것이며, 직장 업무나 개인 간의 연락, 직접 방문하기 어려운 고객관리 등을 위해 사용되는 문서이나, 제안서나 보고서 등 공식적인 문서를 전달하는 데도 사용된다.

⑨ **비즈니스 메모** : 업무상 필요한 중요한 일이나 앞으로 체크해야 할 일이 있을 때 필요한 내용을 메모 형식으로 작성하여 전달하는 글이다.

(3) 문서 이해의 구체적 절차

① 문서의 목적 이해하기

② 문서가 작성된 배경과 주제 파악하기

③ 문서에 쓰여진 정보를 밝혀내고 문제가 제시하고 있는 현안문제 파악하기

④ 문서를 통해 상대방의 욕구와 의도 및 나에게 요구하는 행동에 관한 내용 분석하기

⑤ 문서에서 이해한 목적 달성을 위해 취해야 할 행동을 생각하고 결정하기

⑥ 상대방의 의도를 도표나 그림 등으로 메모하여 요약 · 정리해보기

(4) 문서이해를 위해 필요한 사항

① 각 문서에서 꼭 알아야 하는 중요한 내용만을 골라 필요한 정보를 획득하고 수집, 종합하는 능력

② 다양한 종류의 문서를 읽고, 구체적인 절차에 따라 이해하고 정리하는 습관을 들여 문서이해능력과 내용종합능력을 키워나가는 노력

③ 책이나 업무에 관련된 문서를 읽고, 나만의 방식으로 소화하여 작성할 수 있는 능력

수리능력

1. 수리능력

(1) 수리능력이란?

직장생활에서 요구되는 사칙연산과 기초적인 통계를 이해하고, 도표 또는 자료(데이터)를 정리 · 요약하여 의미를 파악하거나, 도표를 이용해서 합리적인 의사결정을 위한 객관적인 판단근거로 제시하는 능력이다.

(2) 구성요소

① **기초연산능력**

직장생활에서 필요한 기초적인 사칙연산과 계산방법을 이해하고 활용하는 능력

② **기초통계능력**

직장생활에서 평균, 합계, 빈도와 같은 기초적인 통계기법을 활용하여 자료를 정리하고 요약하는 능력

③ **도표분석능력**

직장생활에서 도표(그림, 표, 그래프 등)의 의미를 파악하고, 필요한 정보를 해석하여 자료의 특성을 규명하는 능력

2. 사칙연산

(1) 사칙연산이란?

수 또는 식에 관한 덧셈(+), 뺄셈(−), 곱셈(×), 나눗셈(÷) 네 종류의 계산법이다. 보통 사칙연산은 정수나 분수 등에서 계산할 때 활용되며, 여러 부호가 섞여 있을 경우에는 곱셈과 나눗셈을 먼저 계산한다.

(2) 수의 계산

구분	덧셈(+)	곱셈(×)
교환법칙	$a+b=b+a$	$a\times b=b\times a$
결합법칙	$(a+b)+c=a+(b+c)$	$(a\times b)\times c=a\times(b\times c)$
분배법칙	$(a+b)\times c=a\times c+b\times c$	

3. 검산방법

(1) 역연산

답에서 거꾸로 계산하는 방법으로 덧셈은 뺄셈으로, 뺄셈은 덧셈으로, 곱셈은 나눗셈으로, 나눗셈은 곱셈으로 바꾸어 확인하는 방법이다.

(2) 구거법

어떤 수를 9로 나눈 나머지는 그 수의 각 자리 숫자의 합을 9로 나눈 나머지와 같음을 이용하여 확인하는 방법이다.

4. 단위환산

(1) 단위의 종류

① **길이** : 물체의 한 끝에서 다른 한 끝까지의 거리 (mm, cm, m, km 등)

② **넓이(면적)** : 평면의 크기를 나타내는 것 (mm^2, cm^2, m^2, km^2 등)

③ **부피** : 입체가 점유하는 공간 부분의 크기 (mm^3, cm^3, m^3, km^3 등)

④ **들이** : 통이나 그릇 따위의 안에 넣을 수 있는 물건 부피의 최댓값 (㎖, dℓ, ℓ, kℓ 등)

(2) 단위환산표

단위	단위환산
길이	1cm=10mm, 1m=100cm, 1km=1,000m=100,000cm
넓이	$1cm^2=100mm^2$, $1m=10,000cm^2$, $1km^2=1,000,000m^2$

부피	$1cm^3=1,000mm^3$, $1m^3=1,000,000cm^3$, $1km^3=1,000,000,000m^3$
들이	$1m\ell=1cm^3$, $1d\ell=100cm^3=100m\ell$, $1\ell=1,000cm^3=10d\ell$
무게	1kg=1,000g, 1t=1,000kg=1,000,000g
시간	1분=60초, 1시간=60분=3,600초
할푼리	1푼=0.1할, 1리=0.01할, 모=0.001할

5. 통계

(1) 통계란?

① **의미**

집단현상에 대한 구체적인 양적 기술을 반영하는 숫자를 의미한다. 특히 사회집단 또는 자연집단의 상황을 숫자로 나타낸 것이다.

② **기능**

㉠ 많은 수량적 자료를 처리가능하고 쉽게 이해할 수 있는 형태로 축소시킨다.

㉡ 표본을 통해 연구대상 집단의 특성을 유추한다.

㉢ 의사결정의 보조수단이 된다.

㉣ 관찰 가능한 자료를 통해 논리적으로 어떠한 결론을 추출 · 검증한다.

(2) 통계치

① **빈도** : 어떤 사건이 일어나거나 증상이 나타나는 정도

② **빈도 분포** : 어떤 측정값의 측정된 회수 또는 각 계급에 속하는 자료의 개수

③ **평균** : 모든 사례의 수치를 합한 후에 총 사례수로 나눈 값

④ **중앙값** : 크기에 의하여 배열하였을 때 정확하게 중간에 있는 값

⑤ **백분율** : 전체의 수량을 100으로 하여 생각하는 수량이 몇인지를 가리키는 수(퍼센트)

(3) 통계의 계산

① **범위** : 최고값 − 최저값

② **평균** : $\frac{\text{전체 사례값들의 합}}{\text{총 사례 수}}$

③ **분산** : $\frac{(\text{관찰 값} - \text{평균})^2\text{의 합}}{\text{총 사례 수}}$

④ **표준편차** : $\sqrt{\text{분산}}$

1DAY 2DAY 3DAY

문제해결능력

1. 문제

(1) 문제란?

원활한 업무수행을 위해 해결되어야 하는 질문이나 의논 대상을 의미한다.

※ **문제점** : 문제의 근본원인이 되는 사항으로 문제해결에 필요한 열쇠인 핵심 사항

(2) 문제의 분류

구분	창의적 문제	분석적 문제
문제제시 방법	현재 문제가 없더라도 보다 나은 방법을 찾기 위한 문제 탐구로 문제자체가 명확하지 않음	현재의 문제점이나 미래의 문제로 예견될 것에 대한 문제 탐구로, 문제자체가 명확함
해결 방법	창의력에 의한 많은 아이디어의 작성을 통해 해결	분석, 논리, 귀납과 같은 논리적 방법을 통해 해결
해답 수	해답의 수가 많으며, 많은 답 가운데 보다 나은 것을 선택	답의 수가 적으며, 한정되어 있음
주요 특징	주관적, 직관적, 감각적, 정성적, 개별적, 특수성	객관적, 논리적, 정량적, 이성적, 일반적, 공통성

(3) 문제의 유형

① **기능에 따른 문제 유형**

제조문제, 판매문제, 자금문제, 인사문제, 경리문제, 기술상 문제

② **해결방법에 따른 문제 유형**

논리적 문제, 창의적 문제

③ **시간에 따른 문제유형**

과거문제, 현재문제, 미래문제

④ **업무수행과정 중 발생한 문제유형**

발생형 문제 (보이는 문제)	• 눈앞에 발생하여 당장 걱정하고 해결하기 위해 고민하는 문제 • 눈에 보이는 이미 일어난 문제 • 원인지향적인 문제
탐색형 문제 (찾는 문제)	• 현재의 상황을 개선하거나 효율을 높이기 위한 문제 • 눈에 보이지 않는 문제 • 잠재문제, 예측문제, 발견문제
설정형 문제 (미래 문제)	• 미래상황에 대응하는 장래의 경영전략에 관한 문제 • 앞으로 어떻게 할 것인지 고민하는 문제 • 목표 지향적 문제 • 창조적 문제

2. 문제해결

(1) 문제해결의 정의 및 의의

① **정의**

문제해결이란 목표와 현상을 분석하고, 그 결과를 토대로 주요과제를 도출하여 바람직한 상태나 기대되는 결과가 나타나도록 최적의 해결안을 찾아 실행, 평가해가는 활동을 의미한다.

② **의의**

㉠ **조직 측면** : 자신이 속한 조직의 관련분야에서 세계 일류수준을 지

향하며, 경쟁사와 대비하여 탁월하게 우위를 확보하기 위해 끊임 없는 문제해결 요구

㉡ **고객 측면** : 고객이 불편하게 느끼는 부분을 찾아 개선과 고객감동을 통한 고객만족을 높이는 측면에서 문제해결 요구

㉢ **자기 자신 측면** : 불필요한 업무를 제거하거나 단순화하여 업무를 효율적으로 처리하게 됨으로써 자신을 경쟁력 있는 사람으로 만들어 나가는데 문제해결 요구

(2) 문제해결의 기본요소

① 체계적인 교육훈련

② 문제해결방법에 대한 지식

③ 문제에 관련된 해당지식 가용성

④ 문제해결자의 도전의식과 끈기

⑤ 문제에 대한 체계적인 접근

(3) 문제해결 시 갖추어야할 사고

① **전략적 사고**

현재 당면하고 있는 문제와 그 해결방법에만 집착하지 말고, 그 문제와 해결방안이 상위 시스템 또는 다른 문제와 어떻게 연결되어 있는지를 생각하는 것이 필요하다.

② **분석적 사고**

전체를 각각의 요소로 나누어 그 의미를 도출한 다음 우선순위를 부여하고 구체적인 문제해결방법을 실행하는 것이 요구된다.

㉠ **성과 지향의 문제** : 기대하는 결과를 명시하고 효과적으로 달성하는 방법을 사전에 구상하고 실행에 옮긴다.

㉡ **가설 지향의 문제** : 현상 및 원인분석 전에 지식과 경험을 바탕으로 일의 과정이나 결과, 결론을 가정한 다음 검증 후 사실일 경우 다음 단계의 일을 수행한다.

㉢ **사실 지향의 문제** : 일상 업무에서 일어나는 상식, 편견을 타파하여 객관적 사실로부터 사고와 행동을 출발한다.

③ **발상의 전환**

기존에 갖고 있는 사물과 세상을 바라보는 인식의 틀을 전환하여 새로운 관점에서 바라보는 사고를 지향한다.

④ **내 · 외부자원의 효과적인 활용**

문제해결 시 기술, 재료, 방법, 사람 등 필요한 자원 확보 계획을 수립하고 내 · 외부자원을 효과적으로 활용한다.

(4) 문제해결 시 방해요소

① **문제를 철저하게 분석하지 않는 경우**

어떤 문제가 발생했을 때 직관적으로 성급하게 판단해서 문제의 본질을 명확하게 분석하지 않고 대책안을 수립하여 실행함으로써 근본적인 문제해결을 하지 못하거나 새로운 문제를 야기하는 결과를 초래할 수 있다.

② **고정관념에 얽매이는 경우**

상황이 무엇인지를 분석하기 전에 개인적인 편견이나 경험, 습관으로 인해 증거와 논리에도 불구하고 정해진 규정과 틀에 얽매여서 새로운 아이디어와 가능성을 무시해 버릴 수 있다.

③ **쉽게 떠오르는 단순한 정보에 의지하는 경우**

문제해결 시 종종 우리가 알고 있는 단순한 정보들에 의존하여 문제를 해결하지 못하거나 오류를 범하게 된다.

④ **너무 많은 자료를 수집하려고 노력하는 경우**

무계획적인 자료 수집은 무엇이 제대로 된 자료인지 알지 못하는 결과를 불러온다.

(5) 문제해결 방법

① 소프트 어프로치(Soft approach)

㉠ 대부분의 기업에서 볼 수 있는 전형적인 스타일이다.

㉡ 문제해결을 위해서 직접적인 표현이 바람직하지 않다고 여기며, 무언가를 시사하거나 암시를 통하여 의사를 전달한다.

㉢ 결론이 애매하게 끝나는 경우가 적지 않으나, 그것은 그것대로 이심전심을 유도하여 파악한다.

② 하드 어프로치(Hard approach)

㉠ 서로의 생각을 직설적으로 주장하고 논쟁이나 협상을 통해 서로의 의견을 조정해 가는 방법이다.

㉡ 중심적 역할을 하는 것은 논리, 즉 사실과 원칙에 근거한 토론이다.

㉢ 합리적이긴 하지만 잘못하면 단순한 이해관계의 조정에 그치기 때문에 그것만으로는 창조적인 아이디어나 높은 만족감을 이끌어 내기 어렵다.

③ 퍼실리테이션(Facilitation)

㉠ 깊이 있는 커뮤니케이션을 통해 서로의 문제점을 이해하고 공감함으로써 창조적인 문제해결을 도모한다.

㉡ 구성원의 동기가 강화되고 팀워크도 한층 강화된다는 특징을 보인다.

㉢ 구성원이 자율적으로 실행하는 것이며, 제3자가 합의점이나 줄거리를 준비해놓고 예정대로 결론이 도출되는 것이어서는 안 된다.

※ 퍼실리테이션에 필요한 기본 역량

- 문제의 탐색과 발견
- 문제해결을 위한 구성원 간의 커뮤니케이션 조정
- 합의를 도출하기 위한 구성원들 사이의 갈등 관리

금융 상식 관련 용어

● 이자

금전을 사용한 대가로 원금액과 사용기간에 비례해 지급되는 금전으로 정부의 통제여하에 따라 자금의 수요 · 공급에 의해 결정되는 시장이자, 금의 초과수요가 항상 존재하는 국가에서 적정금리를 유지하고자 인위적으로 통제된 통제이자로 나뉜다. 금융시장에서는 예금금리 · 대출금리 · 콜금리 · 증권이자율 등 여러 가지 이자가 형성되어 있는데, 이들 상이한 금리들은 서로 밀접한 관련을 맺고 있으며, 하나의 유기적 체계를 맺고 있다.

● 금리

원금에 지급되는 기간 당 이자를 비율로 표시한 것으로 이자율과 같은 의미로 사용된다. 금리 부담이 작거나 크다고 할 경우 금리는 이자를, 금리가 높거나 낮다고 할 경우의 금리는 이자율을 의미하게 된다.

● 단리법

원금에 대해서 약정된 이자율과 기간을 곱해 이자를 계산하는 방법으로 원금×약정된 이자율×기간으로 구한다. 이때 발생되는 이자는 원금에 합산되지 않으므로 이자에 이자는 발생하지 않으며, 상환기간까지 원금과 이율의 변동이 없으면 일정한 기간 중에 발생하는 이자율은 언제나 같다.

● 복리법

일정 기간 이자가 발생하면 처음 원금에 이자를 더하여 합계액을 만들고 이 합계액이 다음 기간의 원금이 되어 새로운 이자가 발생하는 계산법으로 같은 기간이더라도 단리보다 더 많은 이자를 얻지만 상품 가입 후 만기가 되어 원금과 이자를 수령할 땐 이자소득세 15.4%를 제외하고 수령한다.

● 예금

목돈에 이자 수익을 발생시키기 위해 은행에 일정 기간 동안 묶어두는 방식으로 자유롭게 입출금이 가능한 자유예금과 일정 기간 묶어두는 방식인 정기예금이 있다.

● 적금

목돈을 만들기 위해 일정 금액을 일정 기간 동안 납입하는 방법으로 금액에 상관없이 자유롭게 납입하는 자유적금과 정해진 금액을 월 1회 납입하는 정기적금이 있다.

● 오픈뱅킹(Open Banking)

하나의 은행 앱에 자신의 모든 은행계좌를 등록하여 편리하게 금융서비스를 이용하도록 하는 제도로 기존에 은행을 두 개 이상 이용한다면 A, B은행 앱을 모두 설치해야 했으므로 용량과 업무가 불편했지만 오픈뱅킹을 통해 여러 앱을 설치할 필요 없이 자신이 원하는 앱만 설치해 다른 은행 업무까지 볼 수 있다.

● 제로페이(ZERO-PAY)

소비자가 간편 결제 앱을 켜 매장 단말기의 QR 리더기에 대면 은행 계좌에 있던 현금이 바로 판매자에게 이체되는 시스템으로 소상공인의 카드결제 수수료 부담을 덜어주기 위해 도입된 제도이다. 수수료는 협약을 맺은 은행 및 간편 결제 사업자가 부담하며 소상공인은 결제 수수료 0%, 소비자는 소득공제 40% 및 공공시설 할인 혜택 등을 받을 수 있다.

● 핀테크(FinTech)

금융(Financial)과 기술(Technology)의 합성어로 정보기술(IT)로 진화된 금융서비스 기술을 의미하며 송금, 모바일 결제, 개인자산관리, 크라우드펀딩 등이 속한다. 빠른 속도와 비용 절감을 장점으로 전통적 금융 산업을 대체하며 빠르게 성장하였다.

● 스텔스통장

적의 레이더망에 걸리지 않아 존재를 숨길 수 있는 최첨단 전투기 '스텔스'에서 이름을 딴 통장으로 본인이 아니면 어떤 방식으로도 조회가 되지 않는 비밀 계좌이며 금융사기를 예방하기 위해 출시되었다.

● 디노미네이션(Denomination)

한 나라의 화폐를 가치의 변동 없이 모든 은행권 및 지폐의 액면을 동일한 비율의 낮은 숫자로 표현하거나 이와 함께 새로운 통화단위로 화폐의 호칭을 변경시키는 것으로 화폐의 실질가치의 변동 없이 호칭만 변경시키는 것이므로 원론적으로는 소득, 물가 등 국민경제에 중립적인 영향을 주지만 예금의 지급정지, 보유자산에 대한 과세 등의 조치를 동시에 시행하는 통화개혁의 형태로 진행되는 경우에는 국민 재산권의 변동 등으로 인해 경제에 많은 변화를 초래할 수도 있다.

● 리디노미네이션(Redenomination)

화폐 가치는 그대로 두고 액면의 단위를 변동하는 일을 뜻하는 말로 지하경제에 있던 돈을 수면 위로 끄어올리고 단위가 줄어 결제를 할 때 계산이 용이해지며 자국 화폐의 대외적 위상이 높아진다는 장점이 있지만 화폐를 새로 발행하고 교체하는 데 많은 비용이 들고 불안 심리를 초래할 수 있으며 화폐 단위 착시에 따른 과소비를 유발할 수 있다는 단점도 있다.

● 팔라듐(Palladium)

구리와 니켈 등을 제련하는 과정에서 나오는 부산물로 다른 백금속 원소들과 만찬가지로 산화반응의 촉매로 작용할 수 있으며 자동차 배기가스 속 유해성분을 무해한 성분으로 환원시키는 연료전지에 주로 사용된다. 팔라듐의 가격은 금속 시장에서 가장 가격이 비쌌던 금의 가격을 이미 역전했고 연일 사상 최고치를 경신하며 고공행진을 기록하고 있는데 다른 원자재들이 달러 강세와 안전자산 선호 심리에 따라 가격이 변동되는

데 비해 그런 부분에서 자유롭고 친환경 자동차의 매연을 줄이는 촉매제로 사용됨으로써 산업에서의 수요가 커지고 있기 때문이다.

- 기축통화

여러 국가의 암묵적 동의하에 국제거래에서 중심적 역할을 하는 통화로 어떤 나라의 통화가 기축통화가 되기 위해선 세계적으로 원활히 유통될 수 있도록 유동성이 풍부하고 거래당사자들이 믿고 사용할 수 있도록 신뢰성을 갖추어야 하며 국제적으로 경제력은 물론 정치, 군사력까지 인정받는 국가의 통화여야 한다.

- 코스닥(KOSDAQ)

증권거래소와 같은 특정한 거래장소가 없고 컴퓨터와 통신망을 이용해 주식을 매매하는 전자거래 시장으로 중소기업의 자금조달창구를 마련하는 한편 일반투자자에게 새로운 투자수단을 제공하기 위해 1996년 7월 개설되었다. 증권거래소에 비해 규제가 덜한 편이며, 비교적 진입과 퇴출이 자유롭다. 또 미래에 높은 수익을 거둘 수 있지만 위험도 높다.

- 나스닥(NASDAQ)

세계 각국의 장외 주식시장의 모델이 되고 있는 미국의 특별 주식시장으로 미국뿐만 아니라 전세계의 벤처기업들이 자금조달을 위한 활동기반을 여기에 두고 있다. 나스닥이 인기를 끄는 이유는 회사설립 초기 적자를 기록하는 기업에도 문호를 개방하고 있어 기업들이 주식시장에 쉽게 참여할 수 있기 때문이며 투자자들로서도 위험성은 뒤따르나 높은 이익을 남길 수 있다는 매력에 끌리고 있다.

- 금융실명제

금융회사와 금융거래 시 실지명의를 사용하도록 의무화하고 실명거래에 의한 금융거래정보에 대해서는 비밀을 보장하도록 하는 제도로서 예외적으로 금융거래정보를 제공하는 경우에도 그 제공범위는 사용목적에 필요한 최소한의 범위로 제한되며, 금융회사는 거래정보를 공공기관 등에 제공한 날부터 10일 이내에 명의인에게 서면으로 이를 통보하여야 한다. 1980년대에 들어 각종 금융 비리 사건과 부정부패 해결을 위해 금융실명제를 도입해야 할 필요가 생겨나게 되면서 1982년 7월 금융실명제 실시를 발표, 1988년부터 금융실명제 준비단을 설치하여 제도의 실시를 연구하였지만 정치적 이유와 이 제도의 실시에 대한 우려로 반대에 부딪혀서 보류되었고 우여곡절을 거쳐 1993년 8월에 전격 실시되었다. 대부분의 가명, 무기명 자산들이 실명화 되어 지하 경제를 억제하는 데 기여하였으며, 정경유착 등 각종 부정부패 사건의 자금 추적에도 도움이 되는 효과를 보았다.

● 리보금리(LIBOR)

런던의 금융시장에 있는 은행 중에서도 신뢰도가 높은 일류 은행들이 자기들끼리의 단기적인 자금 거래에 적용하는 대표적인 단기금리로 세계 각국의 국제간 금융거래에 기준금리로 활용되어 왔으나 지난 2012년 일부 대형 은행이 허위 자료를 제출해 리보를 조작한 사실이 드러나면서 국제사회가 지표 금리의 신뢰성과 투명성 제고를 위해 리보 금리를 대체하는 지표금리를 개발하고 있다. 2022년 산출이 중단될 전망이며 리보금리를 통해 세계금융시장의 상태를 판단할 수 있지만, 장기금리까지 파악하기에는 다소 무리이고 3개월짜리를 기준으로 한다.

경제 상식 관련 용어

● 공유경제

한 번 생산된 재화나 서비스를 여러 사람이 공유해 쓰는 협업소비를 기본으로 한 경제용어로 집, 책, 자동차 등 다양한 재화의 공유는 물론이고 재능 및 지적 재산의 공유영역에까지 확대되고 있으며 승차공유 서비스인 '카풀', 승합차 호출 서비스인 '타다', 사무실 공간을 빌려 쓸 수 있는 '위워크' 등이 대표적인 공유경제 서비스이다.

● 가치소비

자신이 가치를 부여하거나 본인의 만족도가 높은 소비재는 과감히 소비하고, 지향하는 가치의 수준은 낮추지 않는 대신 가격 · 만족도 등을 꼼꼼히 따져 합리적으로 소비하는 성향을 지칭한다. 호경기 때는 남들에게 보이기 위해 소비하는 과시소비가, 경제위기 때에는 무조건 아끼는 알뜰소비가 유행하는 경향이 있다. 가치소비는 남을 의식하는 과시소비와는 다르게 실용적이고 자기만족적인 성격이 강하며, 무조건 아끼는 알뜰소비와 달리 무조건 저렴한 상품이 아닌 가격 대비 만족도가 높은 제품에 대해서는 과감한 투자를 행한다.

● 라스트핏 이코노미(Last Fit Economy)

소비자가 얻는 최종적인 만족을 최적화한다는 뜻으로, 온라인과 비대면 사업이 급증하면서 소비자와의 마지막 접점까지 고려해야 한다는 의미를 담고 있다. 즉, 상품의 가격과 품질, 브랜드 등 객관적 가치보다는 배송을 받고 포장을 뜯는 마지막 순간에 느끼는 주관적인 만족이 상품을 선택하는 데 있어 중요한 기준이 되었음을 반영한다.

● 일코노미

한사람을 뜻하는 1인과 경제를 뜻하는 이코노미가 합쳐진 신조어로 혼자

사는 1인 가구가 증가함에 따라 1인 가구 맞춤 예금, 적금과 같이 나홀로 족을 잡기 위한 다양한 상품이 잇따라 등장하고 있다.

- 플래그십 스토어(Flagship Store)

시장에서 성공을 거둔 특정 상품 브랜드를 중심으로 하여 브랜드의 성격과 이미지를 극대화한 매장으로, 브랜드의 표준 모델을 제시하고 그 브랜드의 각각 라인별 상품을 구분해서 소비자들에게 기준이 될 만한 트렌드를 제시하고 보여 주며 일반 매장과 달리 다양한 체험이 가능한 넓은 공간을 확보하고 브랜드 이미지에 부합하는 인테리어 등으로 꾸며진다.

- 셰일가스(Shale Gas)

오랜 세월동안 모래와 진흙이 쌓여 단단하게 굳은 탄화수소가 퇴적암(셰일)층에 매장되어 있는 가스로, 전통적인 가스전과는 다른 암반층으로부터 채취하기 때문에 비전통 천연가스로 불린다. 기술적 제약 때문에 오랫동안 채굴이 이뤄지지 못하다가, 2000년대 들어 수평정시추 등이 상용화되며 신 에너지원으로 급부상하였다.

- 오팔 세대(OPAL)

'활동적인 인생을 계속 이어가는 노년층(Old People with Active Lives)'이란 뜻의 2000년대 초반 일본에서 탄생한 신조어로 새로운 소비층으로 부각되고 있는 5060세대를 일컫는 베이비부머 세대인 58년생을 뜻한다. 이들은 은퇴를 한 후 새로운 일자리를 찾고, 여가 활동을 즐기면서 젊은 이들처럼 소비하며 자신을 가꾸는 데에도 많은 시간과 돈을 투자한다.

- 최저임금제

국가가 노사 간의 임금결정과정에 개입하여 임금의 최저수준을 정하고 사용자에게 이 수준 이상의 임금을 지급하도록 법으로 강제함으로써 저임금 근로자를 보호하는 제도. 노동부장관은 다음 연도 최저임금을 최저임금위원회의 심의를 거쳐 매년 8월 5일까지 결정하여 지체 없이 고시하여야 하며, 고시된 최저임금은 다음 연도 1월 1일부터 12월 31일까지 효력이 발생한다.

● 주휴수당

일주일 동안 근무일 수를 다 채운 사람에게 유급 휴일을 주는 것으로 주휴일에는 근로 제공을 하지 않아도 되며 1일분의 임금을 추가로 지급받을 수 있다. 주 5일 근무제의 경우는 일주일 중 1일은 무급휴일, 다른 1일은 주휴일이 되며 주휴수당은 일당으로 계산하는데, 보통 (일주일 동안 근무한 시간÷40)×8×8590=주휴수당으로 계산한다. 그러나 퇴직할 때 마지막 주는 만근과 상관없이 주휴수당은 인정되지 않는다.

● 팬슈머(Fansumer)

직접 투자 및 제조 과정에 참여해서 상품이나 브랜드를 키워내는 소비자로 팬과 컨슈머의 합성어이다. 이들은 생산과정에 직접 참여해 상품이나 브랜드를 키워냈다는 즐거움을 느끼며 자신이 키워낸 상품이나 브랜드를 적극적으로 소비하는 동시에 비판, 간섭 등도 서슴지 않는다는 특징을 가진다.

● 스트리밍 라이프(Streaming Life)

음악 파일 등을 내려 받지 않고 네트워크를 통해 물 흐르듯 재생하는 스트리밍 기술처럼 집, 가구, 차 등을 소유하지 않고 향유하거나 경험을 추구하는 소비의 의미를 담고 있다. 다운로드와의 가장 근본적인 차이는 저장, 즉 소유하지 않고 일회성으로 경험한다는 것에 있으며 여기서 스트리밍(streaming)은 인터넷에서 영상이나 음향 등의 파일을 하드디스크 드라이브에 다운로드받아 재생하던 것을 다운로드 없이 실시간으로 재생해 주는 기법을 말한다.

● 린 스타트업(Lean Startup)

아이디어를 빠르게 최소요건 제품으로 제조한 뒤 시장의 반응을 보고 다음 제품에 반영하는 것을 반복하여 성공확률을 높이는 경영 방법으로 미국의 벤처기업가 에릭 리스가 만들어낸 개념이다. 제조, 측정, 학습의 과정을 반복하며 꾸준히 혁신해 나가는 것을 주요 내용으로 한다.

● 쇼루밍족(Showrooming)

오프라인에서 제품을 살펴본 후 온라인을 통해 더 저렴한 가격으로 제품을 구매하는 사람들을 지칭하며 온라인 쇼핑에 대한 거부감이 줄어들고 스마트폰을 이용한 가격 비교가 보편화하면서 등장한 쇼핑족이다. 쇼루밍족으로 인해 온라인 쇼핑몰 매출은 급성장했지만 기존 오프라인 대형 유통업체에는 큰 위협이 되고 있으며 반대로 가격보다 편리함을 우선시하고 온라인 쇼핑을 통해 제품을 구경하여 오프라인 매장에서 구매하는 사람들은 역쇼루밍족이라고 한다.

● 포미족

건강(For health), 싱글(One), 여가(Recreation), 편의(More convenient), 고가(Expensive)의 첫 글자를 따서 만든 신조어로 경기 불황 속에서도 자신이 가치를 두는 것은 다소 비싸더라도 구매하는 소비자들을 말한다. 이들은 단순히 남들에게 과시하기 위해서가 아니라 자신의 가치를 높이기 위한 투자를 하며 자기만족적인 소비 경향을 보인다.

● 페이크슈머(Fakesumer)

페이크(가짜)와 컨슈머(소비자)가 합쳐진 용어로 적은 시간과 비용을 들여 소비 욕구를 채우는 이들을 가리키는 용어다. 즉 이들은 고가의 제품과 비슷한 가짜 상품을 소비하거나, 진짜가 아닌 가상의 경험을 통해 대리만족을 하는 특징을 갖고 있다. 이들의 등장은 브랜드나 소유보다는 가성비와 가치를 중시하는 사람들이 늘며 생겨난 트렌드라 할 수 있으며 취업난과 경제불황 등으로 최소 비용으로 최대 효과를 누리고자 하는 이들이 늘면서 생겨난 것이기도 하다.

● 바이럴 마케팅(Viral Marketing)

네티즌들이 이메일이나 다른 전파 가능한 매체를 통해 자발적으로 어떤 기업이나 기업의 제품을 홍보할 수 있도록 제작하여 널리 퍼지는 마케팅 기법으로, 컴퓨터 바이러스처럼 확산된다고 해서 이러한 이름이 붙었다.

● 레트로 마케팅(Retro Marketing)

일명 복고마케팅으로, 과거의 제품이나 서비스를 현재 소비자들의 기호에 맞게 재해석하여 마케팅에 활용하는 것을 말한다. 복고는 당시를 향유하던 세대들에게는 향수를 불러일으키며 반가움과 위로를 줄 수 있고, 젊은 세대들에게는 새로운 문화를 접하는 신선함을 줄 수 있는데 이를 이용해 단순히 과거에 유행했던 것을 그대로 다시 파는 방식이 아니라 현대적 감각을 가미하여 새로운 트렌드를 제시하며 소비자를 유혹하고 있다.

● 올림픽 파트너(The Olympic Partner)

국제적으로 국제올림픽위원회(IOC)에 의해 올림픽의 주요한 사업 분야별로 선정된 대표 기업에 대해 기술적 · 재정적으로 지원하고 그 대가로 올림픽에 대하여 광고 · 홍보 · 마케팅 활동을 하도록 한 제도로, 올림픽과 관련된 각종 스폰서십 중 가장 포괄적이고 독점적인 권리를 보장한다. 올림픽 운영에 필요한 첨단 기술이나 제품을 보유한 세계적 기업에게만 주어지는 자격으로 각 분야별로 한 개 기업씩 참여한다.

일반 상식 관련 용어

● 멀티 페르소나(Multi Persona)

사람들이 자기 상황에 맞추어 여러 개의 가면을 그때그때 바꿔 사용한다는 의미를 지녔으며 가정, 직장 SNS에서 마치 다양한 가면을 쓴 배우처럼 매 순간 변화하는 현대인의 모습을 지칭한다. 모르는 사람끼리 모인 느슨한 유대를 선호하는 젊은 층의 성향도 여기서 찾을 수 있다.

● 홈족

집에서 주로 시간을 보내는 이들을 일컫는 말로 '집은 주거공간'이라는 인식에서 한발 더 나아가 그 안에서 취미나 여가생활까지 즐기는 모습을 보인다. '히키코모리'나 '방콕족'과 달리 자발적으로 집에 머무는 것을 즐긴다는 점에서 구분된다. 홈족이 증가하는 이유는 첫째 진정하게 쉬고 싶은 열망이 크기 때문에, 둘째 밖으로 나가서 여가를 보낼 때 돈의 지출이 더욱 많아졌기 때문에, 셋째 나가지 않아도 예전보다 집에서 할 수 있는 일이 많아졌기 때문이다.

● 뉴트로(New tro)

복고(retro)를 새롭게(new) 즐긴다는 뜻으로, 중장년층에는 추억과 향수를, 젊은 세대에는 새로움과 재미를 안겨 주는 것이 특징이다. 기성의 것들을 토대로 새로운 것을 재창조하는 측면이 있으며 일종의 복고의 현대적 재해석이라고 할 수 있다.

● Z세대(Generation Z)

밀레니엄(Y2000) 세대(1980년대 중반부터 1990년대 중반 사이에 태어난 세대)를 뒤잇는 세대로 1990년대 중반에서 2000년대 중반까지 출생한 세대를 Z세대로 분류하지만 언제까지를 Z세대의 끝으로 간주할 지에 대해서는 통일된 의견이 없다. 이들을 규정하는 가장 큰 특징은 '디지털 원주민(Digital native)'으로 2000년 초반 정보기술(IT) 붐과 함께 유년 시절부터 인터넷 등의 디지털 환경에 노출된 세대답게 신기술에 민감할 뿐만 아니라 이를 소비활동에도 적극 활용하고 있으며 소셜미디어를 적극 활용, 신중하게 구매하는 경향도 강하다.

- 액티브 시니어(Active Senior)

건강하고 적극적으로 은퇴생활을 하는 활기찬 은퇴자를 말하며 전통적인 고령자와는 달리 가족 중심주의에서 벗어나 자신에게 투자를 아끼지 않으며 자기계발과 여가활동, 관계 맺기에 적극적이다. 이들은 외국어, 컴퓨터 교육, 미용, 운동 등 다양한 활동을 즐기고 공연관람 등 침체된 문화 시장에서 주요 계층으로 떠오르고 있다.

- 도심 항공 모빌리티(UAM ; Urban Air Mobility)

개인용 비행체(PAV)와 도심 항공 모빌리티 서비스를 결합한 하늘을 새로운 이동 통로로 이용하는 혁신적 모빌리티로 수직 이착륙을 통해 활주로 없이도 비해할 수 있는 개인용 비행체의 장점 덕분에 대도시 교통 혼잡에 영향을 받지 않고 자유로운 이동을 기대할 수 있다.

- 목적 기반 모빌리티(PBV ; Purpose Built Vehicle)

설계에 따라 카페, 병원 등 맞춤형 서비스를 이동 중 자유롭게 이용하는 도심형 친환경 모빌리티로 도심 항공 모빌리티를 통한 이동 후 지상에서 목적지까지 이동하는 시간 동안 탑승객에게 필요한 맞춤형 서비스를 제공한다.

- 크런치 모드(Crunch Mode)

업무 마감을 앞두고 잠과 개인생활을 줄여가면서 장시간 업무를 지속하는 것을 말하며 주로 소프트웨어 업계에서 관행적으로 이루어져왔다. 연장 근무와 고강도 노동을 당연시하는 관행을 보여주는 개념으로 널리 알려져 있다.

● 톰 소여 효과(Tom Sawyer Effect)

마크 트웨인의 소설 《톰 소여의 모험》에서 비롯된 말로 일을 재미있게 여기고 놀이처럼 할 때 동기부여를 일으켜 큰 성과를 얻을 수 있다는 것을 뜻한다. 소설 속 주인공 톰 소여는 긴 울타리를 혼자 페인트칠하는 벌을 받게 되었을 때 페인트칠이 굉장히 재미있다며 친구들을 속이고 톰의 친구들도 너도 나도 즐겁게 긴 울타리를 함께 칠한다. 즉 자발적인 동기를 가진 일 혹은 자신이 즐거움을 느끼는 일에 더욱 큰 성취감과 성과를 얻을 수 있다는 의미이다.

● 양떼 효과(Herding Effect)

집단에서 뒤처지지 않으려고 어쩔 수 없이 집단의 행동을 따라하는 현상으로 양들이 우두머리의 행동을 따라 움직이는 모습처럼 인간의 추종 심리를 상징적으로 나타낸다.

● 업글인간

단순한 성공이 아닌 성장을 추구하는 자기개발형 인간들을 이르는 말로, 타인과 경쟁해 승리하기 위한 단순한 스펙을 축적하는 것이 아닌, 삶 전체의 질적 변화를 추구하는 것은 물론 어제보다 나은 나를 만들어 나가려는 사람들을 가리킨다. 즉, 이들이 추구하는 것은 '성공'이 아닌 '성장'이며, '남들보다 나은 나'가 아닌 '어제의 나보다 나은 나'이다. 이에 업글인간들은 자신의 건강과 취미여가활동, 지적 성장을 위한 소비에 투자를 아끼지 않는 특징을 지니고 있다.

● 편리미엄

편리함과 프리미엄을 결합한 용어로, 편리함이 중요 소비 트렌드로 부상하고 있음을 나타내는 말이며 소비자들이 가격이나 품질 등 가성비를 넘어 시간과 노력을 아낄 수 있는 편리한 상품이나 서비스를 선호하는 현상을 가리킨다.

● 불쾌한 골짜기(Uncanny Valley)

인간이 인간과 거의 흡사한 로봇의 모습과 행동에 거부감을 느끼는 감정 영역으로 1970년 일본의 로봇 공학자 모리 마사히로에 따르면 로봇이 사람과 흡사해질수록 인간이 로봇에 대해 느끼는 호감도가 증가하지만 어느 정도 도달하게 되면 섬뜩함과 혐오감을 느끼게 되고 로봇의 외모나 행동이 인간과 완전히 구별할 수 없을 정도가 되면 다시 호감도가 증가해 인간에게 느끼는 감성과 비슷해진다.

● 바젤협약

지구환경보호의 일환으로 1989년 116개국 대표가 참석한 가운데 유해폐기물의 국가 간 교역을 규제하며 채택된 국제환경협약이며 유해폐기물의 불법 이동에 따른 전 세계적인 차원의 환경오염 방지 및 개발도상국의 환경친화사업을 지원할 목적으로 스위스 바젤에서 채택하였다.

● 노마드족

하나에 정착하지 않고 그때그때 이익이 되는 것을 찾아 움직이는 사람들을 뜻하는 말이며 노마드(nomad)는 '유목민, 정착하지 않고 떠돌아다니는 사람'이란 의미로 정보기술의 발달로 등장한 21세기형 신인류를 뜻한다. 이들은 휴대폰, 노트북, 디지털 카메라 등 첨단 기기를 활용해 시간과 공간에 구애받지 않고 인터넷에 접속해 필요한 실시간 정보를 검색하며 꼼꼼한 비교를 통해 최저가로 구매하고 쌍방 커뮤니케이션을 통해 세상과 소통하며 고객이나 고용주와 일하는 와중에도 여행하는 경향이 있고 이외에도 일과 휴식이 모호해지는 난관이 존재한다.

● 리터루족

돌아가다(Return)와 캥거루의 합성어로 결혼 후 경제적 원인으로 다시 부모의 곁으로 돌아가는 사람을 뜻하는 신조어이다. 높은 전셋값 등의 주택 문제와 육아 문제 등이 리터루족 탄생의 주요 원인이라고 분석하기도 하며 미국과 같이 성년이 되면 부모를 떠나 독립하는 것이 당연시되

는 문화에서도 경기침체로 인해 최근 이러한 현상이 늘어나고 있다.

● 슬로비족

'천천히 그러나 더 훌륭하게 일하는 사람(Slow But Better Working People)'의 약칭으로 우수한 능력을 갖췄음에도 상대적으로 낮은 소득을 감수하며 가정생활에 많은 시간을 할애하는 특징을 지닌다. 80년대 미국의 신흥 부유층으로 각광받던 여피(Yuppie)족이 젊고(Young) 도시 거주자(Urban)이며 연소득 5만 달러 이상의 전문직(Professional) 종사자들이었다면 이를 거부하는 슬로비족은 일확천금에 집착하지 않고 성실하고 안정적인 생활에 삶의 가치를 더 부여하는 사람들이다.

● 코쿤족

누에고치란 뜻을 가진 남과 어울리기보다 개인의 공간에서 안락함과 편안함을 추구하는 사람들로 불확실한 사회와 단절되어 안전한 곳에서 보호받고 싶어 하는 욕구를 담고 있다. 이들은 정된 수입원을 갖고 있으면서 업무능력이 뛰어나고 외부 자극에 대한 확실한 해결책을 가지고 있는 것이 특징이며 에너지 충전'의 성격이 짙어 긍정적인 평가를 받기도 하지만, 코쿤족이 늘어나면서 조직을 중시하는 전통적 가치관과 마찰을 빚을 가능성이 높다는 우려도 제기된다.

● 스몸비(Smonbie)

스마트폰과 좀비의 합성어로 스마트폰을 들여다보며 길을 걷는 사람들을 지칭하는 신조어이다. 스마트폰에 중독되어 길을 걸을 때에도 주변을 살피지 않는 스몸비가 증가하면서 사고가 발생하자 사회적인 문제로까지 확대되었으며 해외의 경우 안전사고 예방을 위해 스몸비에 대한 대처를 강화하고 있다.

● 스프린트(Sprint)

구글의 수석 디자이너 제이크 냅 외 2인이 쓴 책이름이자 구글과 스타트업 기업들이 5일안에 핵심 과제를 해결하는 기획 또는 실행 방법으로 가령 월요일은 방향성 잡기, 화요일은 아이디어 스케치, 수요일은 실행 방법 결정, 목요일엔 프로토타입 만들기, 금요일에는 고객 반응 관찰 등과 같다. 단, 모든 과정은 요일, 시간대별로 촘촘하게 쪼개 팀원이 해야 할 일과 해서는 안 될 일을 구체적으로 점하는 것이 중요하다.

- 애자일 조직(Agile Organization)

민첩하고 기민한 조직이라는 뜻으로 부서 간 경계를 허물고 필요에 맞게 소규모 팀을 구성하여 업무를 수행하는 조직문화를 뜻한다. 가장 큰 목표는 불확실성이 높은 비즈니스 상황 변화에 대응하여 빠르게 성과를 도출하는 것으로, 이들은 프로젝트 사전에 완벽한 분석이나 기획을 추구하는 대신 사전 분석이나 기획을 최소화하고 시제품 등을 통해 외부 피드백을 지속적으로 반영하여 업무 완성도를 높이는 것이 특징이다.

- 미닝아웃(Meaning Out)

자신의 의미와 취향, 정치적, 사회적 신념을 소비 행위 등을 통해 적극적으로 표출하는 협상을 의미하며 전통적인 소비자 운동인 불매운동이나 구매운동에 비해 다양한 형태로 나타나고, 흡사 놀이나 축제와 같은 특징을 지닌다. 소셜 네트워크 서비스(SNS)의 해시태그 기능을 사용하여 적극적으로 자신의 신념을 공유하고, 사회적 관심사를 이끌어내며 이러한 내용을 SNS를 통해 공유하는 것으로써 자신의 신념을 나타낸다.

- 디지털 디톡스(Digital Detox)

디지털(digital)에 '독을 해소하다'라는 뜻의 디톡스(detox)가 결합된 용어로 세계적으로 디지털 중독에 대한 우려가 커지고 있는 가운데 이에 대한 처방으로 등장한 개념이며 디지털 단식이라고도 한다. 무절제한 디지털 기기 사용은 뇌에 좋지 않은 영향을 미칠 뿐 아니라 중독 현상으로 인한 불안감 등을 일으키기 쉬운데, 이를 예방하고 치유하기 위해 각종 전자기기 사용을 중단하고 명상, 독서 등을 통해 몸과 마음을 회복시키자

는 것이 주된 골자이다.

● 포모(FOMO)

'잊히는 두려움(Fear Of Missing Out)'의 약자로 유행에 뒤처지면 누군가에게 잊힐지 모른다고 느끼거나 다른 사람이 자신보다 더 만족스러운 삶을 사는 것 같아서 공포를 느낀다는 의미로 사용된다. 이들은 스스로를 '제2의 나'가 필요한 존재로 인식하며 또 다른 나를 상대적으로 자유롭게 표현 가능한 사이버 공간에서 페르소나로 만들며 그들만의 만족감을 채우기도 한다. 포모가 질병으로 취급되기 시작한 것은 2004년 이후의 일인데, 하버드와 옥스퍼드대학에서 포모를 사회병리 현상의 하나로 주목하며 수많은 논문이 나왔다. 미국에서 50%가 넘는 성인이 포모 증세로 고통을 겪고 있다는 통계도 있다.

● 조모(JOMO)

'잊히는 즐거움(Joy Of Missing Out)'의 약자로 디지털과 연결된 보여주기 식 관계 대신 유행에 뒤처지는 걸 두려워하지 않고 경험 자체를 즐기는 사람들을 의미하며 SNS는 시간을 낭비하는 것으로 생각하기 때문에 관련 앱을 모두 배척하거나 온라인 모임을 가지지 않는다는 주의를 가지기도 한다. 자발적 아웃사이더의 길을 선택한 이들은 디지털 디톡스를 실천에 옮기며 이러한 현상의 확대는 경제 불황의 지속과 이에 따른 취업난으로 청년층을 중심으로 자신의 시간을 가지려는 경향이 강해졌기 때문으로 분석된다.

● 이모지(Emoji)

유니코드 체계를 이용해 만든 그림문자로 일본어의 그림을 뜻하는 '에'에 한자와 일본 가나를 합쳐 만든 '에모지'에서 유래하였다. 1999년 일본 통신사 NTT 토코모의 개발자 구리타 시게타카가 내수용으로 개발했으며 일본 핸드폰의 전용 문자였다가 애플과 구글 등이 지원하기 시작하면서 전 세계적으로 사용이 확산되었고 각종 SNS에서 활발하게 사용되며 60

억 건의 이모지가 쓰일 정도로 대중화되었다. 소통에 유연하고 즉각적이며 간단하게 표현할 수 있다는 특징이 있다.

● 코로나 바이러스(Corona Virus)

DNA의 복사본과 같으나 불안정한 구조여서 돌연변이가 자주 발생하는 RNA를 유전자로 갖는 바이러스로 호흡기나 소화기 질환을 일으키며 전자현미경으로 봤을 때 그 형태가 이온화된 고온의 가스로 구성된 태양 대기의 가장 바깥 영역인 코로나(corona)와 닮았다고 해서 붙여진 이름이다. 1937년 닭에서 최초로 발견되었고 조류뿐만 아니라 소, 고양이, 개, 사람 등을 감염시킬 수 있다. 사스(SARS · 중증급성호흡기증후군)와 메르스(MERS · 중동호흡기증후군)의 원인 바이러스로 널리 알려져 있다.

● 신종 코로나 바이러스(2019-nCoV)

2019년 12월 유행하기 시작한 급성호흡기증후군을 일으키는 사스(SARS) 계열의 바이러스이며 중국 후베이성 우한시에서 처음 발견되어 중국 전역과 인근 국가로 퍼져나갔다. 2003년 유행했던 사스보다 치사율은 낮지만 잠복기에도 감염될 가능성과 점막을 통해서도 감염될 가능성이 높다는 점 때문에 더욱 치명적인 피해를 입힐 수 있다고 보고된다. 첫 발견 · 보고지 명칭을 따서 '우한 폐렴'이라고도 한다.

● 코로나 3법

코로나바이러스 감염증-19 (코로나19)의 확산에 대응하기 위해 2020년 2월 26일 국회 본회의에서 의결한 감염병 예방 · 관리법, 검역법, 의료법 개정안으로 마스크 · 손소독제 등 물품의 수출 · 국외반출을 금지하고 감염취약계층에게 마스크를 우선 지급하고, 코로나19 유행지로부터의 입국을 금지할 수 있는 법적 토대가 마련되었다.

● 기생충(Parasite)

2019년 5월 개봉된 봉준호 감독의 작품으로, 극과 극의 삶을 사는 두 가

족을 중심으로 빈부격차와 양극화로 인한 계급 · 계층 간 단절을 다뤄낸 영화다. 2019년 칸영화제 황금종려상을 수상하며 한국영화 100년사에 큰 기염을 이뤄낸 데 이어 2020년 1월 5일 열린 제77회 골든글로브 시상식에서 한국 영화 최초의 최우수 외국어영화상을 수상, 2020년 2월 열린 제92회 아카데미 시상식에서는 작품상 · 감독상 · 각본상 · 국제장편영화상 등 4개 부문을 수상하는 쾌거를 이뤘다.

- 칸 영화제(Cannes Film Festival)

프랑스 남부의 휴양도시 칸(Cannes)에서 매년 5월 개최되는 국제영화제로 세계적으로 가장 명망이 높은 영화제 중 하나이며 베니스 국제영화제(Venice International Film Festival), 베를린 국제영화제(Berlin International Film Festival)와 함께 세계 3대 영화제이다. 영화 상영, 시상, 토론, 강연, 회고전, 트리뷰트 등의 다양한 행사를 열고 있으며, 시상에서는 황금종려상, 남녀주연상, 감독상, 각본상, 심사위원상 등의 경쟁부문과 비경쟁부문 황금 카메라 상 등을 시상한다.

- 아카데미 시상식(Academy Awards)

미국 영화업자와 미국 내 영화단체인 영화예술과학 아카데미협회(Academy of Motion Picture Arts and Sciences)에서, LA의 개봉관에서 일주일 이상 상영된 영화를 대상으로 심사하여 수여하는 미국 최대의 영화상이다. '오스카(Oscar)'상이라고도 하며, 작품상 · 감독상 · 주연상 등 총 25개 부문에 대한 수상이 이뤄진다. 시상식은 매년 2월 말에서 4월 초에 개최되는데, 미국 영화계뿐만 아니라 전 세계적으로 주목도가 높아 각국에서 생중계 또는 위성중계를 진행하기도 한다.

- 골든글로브 시상식(Golden Globes Awards)

1943년에 설립된 할리우드 외신기자협회(Hollywood Foreign Press Association)에서 수여하는 상으로 그 영향력이 아카데미상까지 이어지기 때문에 아카데미상의 전초전이라고 불린다. 1944년 20세기 폭스사의 스튜디오에서 소규모로 최초의 시상식이 개최된 이래로 현재는 세계 영화시장을 움직일 정도의 영향력을 갖게 되었으며 약 3시간 동안 진행되는 시상식은 드라마 부문과 뮤지컬, 코미디 부문으로 나뉘어 진행되고 생방송으로 세계 120여 개 국에 방영되어 매년 약 2억 5,000만 명의 시청자들이 이를 지켜본다.

1DAY 2DAY 3DAY

KB 국민은행 필기모의 1회

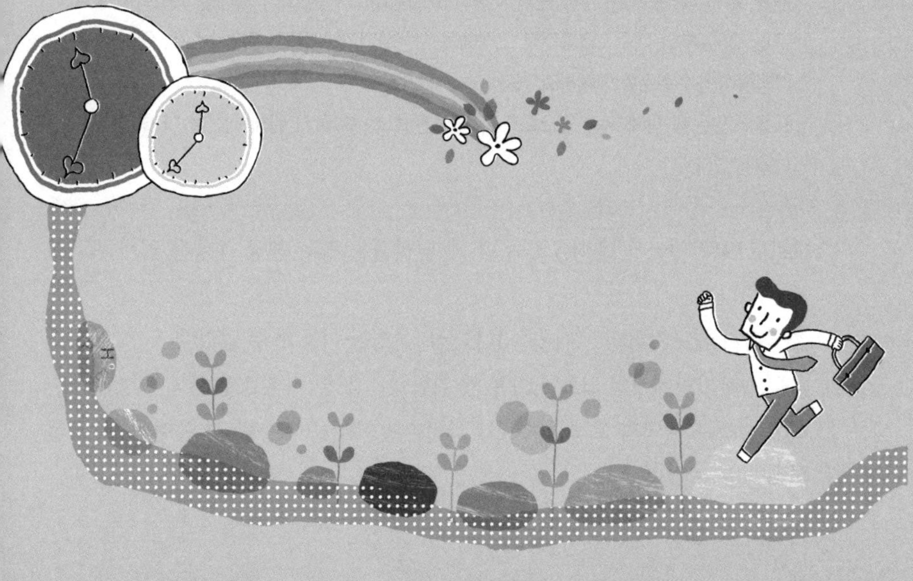

제1회

KB 국민은행 필기모의

NCS

01 **KB 국민은행과 관련한 다음 기사 내용에 대한 설명으로 옳지 않은 것은?**

코로나19 확진자 방문으로 인해 임시 폐쇄되었던 KB 국민은행 대구지역 지점 7곳이 모두 업무를 재개했다.

KB 국민은행은 코로나19 방역을 위해 임시 폐쇄했던 대구지역 지점 7곳의 업무를 모두 재개했다고 28일 밝혔다. KB 국민은행에 따르면 28일 오전 10시부터 황금네거리지점과 범물동지점이 업무를 재개함에 따라 임시 폐쇄했던 대구 소재 지점은 모두 정상 영업 중이다. 고객에게는 거래 재개 내용을 문자 메시지 등을 통해 안내했다.

앞서 KB 국민은행은 코로나19 확진자 방문으로 인해 침산동지점을 시작으로 대구 3공단종합금융센터, 대구 PB센터, KB 손해보험대구(점), 다사지점, 황금네거리지점, 범물동지점을 임시 폐쇄하고, 긴급 방역을 실시한 바 있다.

한편, KB 국민은행은 금융 편의 제공과 코로나19로 인한 고객 피해를 최소화하기 위해 지난 25일부터 대구 · 경북지역 고객에게 자동화기기(ATM) 이용수수료, 인터넷 및 스타뱅킹 이용수수료를 면제하고 있다.

KB 국민은행 관계자는 "앞으로도 고객 불편을 최소화하기 위해 최선을 다 하겠다"는 입장을 밝혔다.

① 코로나19 확진자가 은행을 방문한 게 밝혀졌을 경우 해당 은행은 임시 폐쇄를 해야 한다.

② 27일까지 대구지역의 고객들은 KB 국민은행을 이용할 수 없었다.

③ 대구 경북지역에서의 코로나19 감염 위험성은 28일 이후로 완전히 진정되었다.

④ 대구와 경북 지역의 고객들이 KB 국민은행 지점을 이용할 경우 이용수수료를 면제받을 수 있다.

정답해설 두 번째 단락에서 'KB 국민은행은 코로나19 방역을 위해 임시 폐쇄했던 대구지역 지점 7곳의 업무를 모두 재개했다고 28일 밝혔다'고 했고 이를 통해 대구지역의 지점들이 코로나19 감염의 위험성에서 벗어났다는 사실을 알 수는 있지만 해당 기사의 내용만으로는 대구지역 자체가 완전히 감염의 위험성이 진정되었다는 사실까지는 알 수 없다.

오답해설 ① 첫 번째 단락의 '코로나19 확진자 방문으로 인해 임시 폐쇄되었던 KB 국민은행 대구지역 지점 7곳이 모두 업무를 재개했다'는 기사를 통해 코로나19 확진자가 특정 은행을 방문했을 시 감염 확산을 막기 위해 해당 은행을 임시적으로 폐쇄해야 한다는 사실을 알 수 있다.

② 두 번째 단락의 '28일 오전 10시부터 황금네거리지점과 범물동지점이 업무를 재개함에 따라 임시 폐쇄했던 대구 소재 지점은 모두 정상 영업 중이다.'라는 기사에서는 28일 오전 10부터 지점들을 이용할 수 있었으므로 27일까지 해당 지점들을 이용할 수 없었다.

④ 마지막 단락의 'KB 국민은행은 금융 편의 제공과 코로나19로 인한 고객 피해를 최소화하기 위해 지난 25일부터 대구 · 경북지역 고객에게 자동화기기(ATM) 이용수수료, 인터넷 및 스타뱅킹 이용수수료를 면제하고 있다.'는 기사를 통해 대구 · 경북지역 고객들은 이용수수료가 면제된다는 사실을 알 수 있다.

02 다음 글을 읽고 추론한 내용으로 가장 적절한 것을 고르면?

권리금이란 상가를 구입해 영업을 하는 데 있어 필요한 여러 종류의 권리들을 금액으로 정해놓은 것을 말한다. 권리금은 상가를 매매하거나 임대를 낼 때 생기는 돈으로 결국 해당 상가에 대한 운영을 포기함에 따라 발생하는 기회비용의 가치를 반영하는 것이라 할 수 있다.

권리금의 종류는 크게 바닥권리금, 영업권리금, 시설권리금으로 나눌 수 있는데 바닥권리금이란 상가가 입점해 있는 여러 특성을 반영하여 형성되는 프리미엄으로서 자릿세를 의미한다. 바닥권리금은 영업권리금과는 다르게 입점이나 창업을 하여 일정한 수준의 매출에 따라 금액이 매겨지는 일종의 위치에 대한 권리이다. 즉, 상권적 이점, 위치에 대한 이점을 매기는 것이다. 영업권리금이란 해당 상가의 운영, 영업을 통해 발생하는 매출 추이에 따라 형성되는 권리금으로 권리금 중 가장 대표적이라 할 수 있다. 시설권리금이란 창업할 때 투자하였던 시설이나 이전 임차인이 인수받아 쓰던 시설을 새로운 임차인에게 넘겨줄 때 발생하는 금액을 말한다. 시설권리금은 초기 개점 시 투여된 시설비용으로 인테리어, 간판, 기자재 등이 시설권리금에 포함되는데 이 시설권리금을 산출할 때는 해마다 소모되는 기물과 설비의 가치감소분을 보전하는 감가상각을 적용한다.

정답 01 ③ | 02 ②

① 영업권리금은 유동인구가 많아 영업에 유리한 지역일수록 높아진다.
② 시설권리금은 시간이 지날수록 비품의 가치가 떨어진다.
③ 영업권리금을 정확히 파악하기 위해선 해당 상가의 영업 시점을 알 수 있는 사업자등록증 확인이 필요하다.
④ 바닥권리금을 정확히 파악하려면 해당 상가의 장사가 정말 잘 되는지 면밀한 조사가 필요하다.

정답 해설 시설권리금은 간판 등 비품의 시설권리금을 산출할 때 감가상각을 적용해야 하므로 시간이 지날수록 비품의 가치가 떨어진다.

오답 해설 ① 상가의 위치 등 입지조건에 따라 영업에 영향이 생기는 요인은 바닥권리금의 내용이다.
③ 해당 상가의 사업자등록증으로 개업일이 언제인지 확인하는 것은 감가상각으로 인한 가격의 하락을 정확히 계산하기 위해 필요하며 이는 시설권리금을 파악하기 위한 행위이다.
④ 매출 현황이나 추이를 알아볼 수 있는 행위는 영업권리금 파악을 위한 것이다.

[03~04] 다음 일자리 안정자금 시행계획안을 읽고 물음에 답하시오.

〈일자리 안정자금 시행계획(안) 주요내용〉

1. 지원 대상
   - 원칙 : 30인 미만 고용 사업주 지원
   - 예외 : 공동주택(아파트, 연립주택, 다세대주택) 경비원과 청소원에 대해서는 30인 이상 고용 사업주도 지원
   - 지원 제외 : 고소득 사업주(과세소득 5억 이상), 임금체불 명단 공개 사업주, 국가 등 공공부문, 국가 등으로부터 인건비 재정지원을 받고 있는 사업주 등
2. 지원 요건 및 지원 금액
   - 지원요건
     - 신청일 이전 1개월 이상 고용이 유지된 월 보수액 190만 원 미만 노동자

     ※ 일용노동자는 월 실근무일수 15일 이상인 경우 지원
     ※ 선원법상 선원의 경우 18년 선원최저임금의 120% 수준('17.12월 결정) 미만 선원

※ 합법취업 외국인, 초단시간 노동자, 신규 취업한 만 65세 이상자 및 5인 미만 농림 어업 사업체에 근무하는 노동자 등

- 최저임금 준수 및 고용보험 가입 원칙

※ 고용보험 적용 제외자에 대해서도 일자리 안정자금 지원

※ 고용보험 가입대상에 대해서는 보험료 부담 경감 위한 지원 병행 (두루누리사업 강화, 건강보험료 경감, 사회보험료 부담액 세액공제)

- 기존 노동자 임금(보수) 수준 저하 금지 및 고용유지 노력 의무

• 지원 금액

- 노동자 한 명당 월 13만 원, 단시간 노동자는 근로시간 비례 지급

3. 지원 체계 및 지원 절차

• 지원금 신청

- 신청 간소화 : 사업 시행일(19.1월) 이후 연중 1회만 신청하면 지원 요건 해당 시 매월 자동 지급, 신청 이전 지원금은 최초 지원요건을 충족한 달부터 신청일이 속하는 월의 전월까지 소급하여 일괄 지급
- 무료대행 : 보험사무 대행기관에서 무료로 지원금 신청업무 대행
- 상담서비스 제공 : 신청서 접수기관 및 콜센터(근로복지공단 고용센터)를 통해 지원금 관련 상담 서비스 제공

• 신청서 접수 : 온라인, 오프라인 모두 가능

- 온라인 : 4대 사회보험공단(근로복지공단, 건강보험공단, 국민연금공단) 및 고용노동부 홈페이지, 일자리 안정자금 홈페이지(1월 오픈)를 통해 신청
- 오프라인 : 4대 사회보험공단 지사, 고용노동부 고용센터 및 자치단체 주민센터에서 방문 접수

• 지원금 지급

- 현금지급(사업주 계좌로 지원금 직접 지급) 및 보험료 상계방식(사업주 납입 사회보험료에서 지원금액 차감 후 보험료 부과 징수) 중 사업주가 선택

4. 시행기관 및 시행기간

• 시행기관 : 고용노동부

• 시행기간 : 19.1.1 ~ 19.12.31

03 다음 〈보기〉 중 지원을 받을 수 있는 경우를 고르면?

보기

ㄱ. 입사한지 3개월 차이고 월 보수액 200만 원인 노동자

ㄴ. 신규 취업한 만 65세 이상 노동자

ㄷ. 월단위로 실근무일수 15일 이상인 일용노동자

ㄹ. 국가로부터 인건비 재정지원을 받고 있는 사업주

① ㄱ, ㄴ ② ㄱ, ㄷ
③ ㄴ, ㄷ ④ ㄷ, ㄹ

정답해설 ㄴ. 신규 취업한 만 65세 이상 노동자는 지원대상자에 해당한다.
ㄷ. 월단위로 실근무일수 15일 이상인 일용노동자는 지원대상자에 해당한다.

오답해설 ㄱ. 1개월 이상 고용이 유지된 월 보수액 190만 원 미만 노동자가 아니므로 지원대상자에 해당하지 않는다.
ㄹ. 국가 등으로부터 인건비 재정지원을 받고 있는 사업주는 지원대상자에서 제외된다.

04 일자리 안정자금의 지원금액과 지원 절차에 대한 설명으로 옳지 않은 것은?

① 노동자 한 명당 월 13만 원으로 지급된다.
② 지원금 지급은 현금지급 및 보험료 상계방식 중 노동자가 선택한다.
③ 지원금 신청서는 자치단체 주민센터에 방문해서 접수할 수 있다.
④ 신청 간소화로 요건 해당 시 매월 자동 지급된다.

정답해설 지원금 지급은 현금지급(사업주 계좌로 지원금 직접 지급) 및 보험료 상계방식(사업주 납입 사회보험료에서 지원금액 차감 후 보험료 부과 징수) 중 사업주가 선택한다.

05 다음 글의 주제로 적절하지 않은 것은?

현대인들이 부족한 잠으로 인해 만성 피로를 겪고 있다. 성인 평균 권장 수면 시간은 7~8시간이지만 이를 지키는 이들은 우리나라 성인 기준 단 4%에 불과하다.

2016년 국가별 일일 평균 수면 시간 조사에 의하면 한국인의 하루 평균 수면 시간은 7시간 41분으로 OECD 18개 회원국 중 최하위를 기록했다. 또한 직장인의 수면 시간은 이보다도 짧은 6시간 6분으로 권장 수면 시간에 2시간 가까이 부족한 수면 시간이며 현대인 대부분이 수면 부족에 시달린다 해도 과언이 아니다.

수면 시간 총량이 적은 것도 문제지만 더 심각한 점은 '어떻게 잘 잤는지', 즉 수면의 질 또한 높지 않다는 것이다. 수면 장애 환자는 '단순히 일이 많아서', 또는 '잠버릇 때문에' 발생한 일시적인 가벼운 증상 정도로 여기는 사회적 분위기를 감안하면 실제 더 많을 것으로 추정된다.

특히 대표적인 수면 장애인 '수면무호흡증'은 피로감, 불안감, 우울감은 물론 고혈압, 당뇨병과 심혈관질환, 뇌졸중까지 다양한 합병증을 유발할 수 있다는 점에서 진단과 치료가 필요하다.

① 수면의 질의 중요성
② 수면 장애의 위험성
③ 수면 시간과 건강의 상관관계
④ 수면이 건강에 좋은 이유

정답해설 제시문은 한국인 하루 평균 수면 시간과 수면의 질에 대한 글로 짧은 수면 시간으로 현대인 대부분이 수면 부족에 시달리며 낮은 수면의 질로 다양한 합병증이 발생할 수 있음을 설명하고 있으나 ④번의 내용은 언급되어 있지 않으므로 글의 주제로 적절하지 않다.

1DAY 2DAY 3DAY

정답 03 ③ | 04 ② | 05 ④

06 다음 글의 순서로 가장 적절한 것은?

(가) 여전히 남성은 여성보다 더 높은 경제활동 비율을 보이고 있다. 그러나 유급 노동력에서 여성의 비율이 높아지면서, 경제적으로 적극적인 남성의 비율이 감소하고 있다. 2008년에는 45~54세 남성의 98%가 경제활동을 하고 있었지만, 2018년에는 그 수치가 95%로 줄어들었다. 이와 같이 성에 따른 격차의 축소는 미래에도 계속될 것 같다.

(나) 최근에 남성과 여성 간의 경제활동 참여율의 격차가 줄어들고 있는 데에는 여러 가지 이유가 있다. 첫째, 전통적으로 여성 그리고 '가정의 영역'과 관련된 범위와 성격에서 변화가 일어났다. 출산율이 낮아지고 출산연령이 높아지면서, 이제 많은 여성들이 젊었을 때 임금 노동에 참여하고 아이를 가진 후에 다시 일을 한다. 가족의 규모가 줄어들었다는 것은 많은 여성들이 이전에는 어린 자녀를 위해 가사에 소비했던 시간이 줄어들었다는 것을 의미한다. 많은 가사노동의 기계화는 가정을 유지하기 위해 써야 할 시간의 양을 줄이는 데 도움을 주었다. 자동식기세척기, 로봇청소기, 세탁기는 가사일을 덜 노동집약적인 것으로 만들었다. 여성들이 아직도 남성보다 더 많은 가사 일을 담당하지만, 남성과 여성 간의 가사 분업은 시간이 지나면서 꾸준히 약화되고 있다.

(다) 가장 중요한 증가는 기혼 여성에게서 이루어졌다. 결혼을 했거나 동거를 하든지, 3세 이하의 아이가 있는 여성의 60%가 보수를 받는 일을 하고 있다. 그런데 편모의 수치는 상당히 낮아서 학교에 갈 나이가 되지 않은 아이를 가진 편모의 36%만 경제활동에 참여하고 있다.

(라) 또한 금전적인 이유로 많은 여성들이 노동시장에 진출하고 있다. 영국에서 남성 가장, 여성 주부와 자녀들로 이루어진 전통적인 핵가족 모델이 이제는 가족의 1/4에 불과하다. 남성 실업의 증가를 포함한 가구에 가해지는 경제적 압력으로 인하여 많은 여성들이 보수가 주어지는 고용을 찾게 되었다. 많은 가구들이 바람직한 생활양식을 유지하기 위하여 두 개의 소득이 필요하다는 것을 알게 되었다. 편모 가정의 증가와 독신과 무자녀 가정의 높은 비율을 포함하여 가구 구조의 변화는 전통적인 가구 이외의 여성들이 선택에 의해서든지 필요에 의해서든지 노동 시장으로 진입하게 하였다.

(마) 여성의 경제활동 참여는 다소 지속적으로 증가했다. 주요한 영향은 제2차 세계대전 동안 경험한 노동력 부족이었다. 전쟁 기간 동안 여성이 이전에는 배타적인 남성의 영역으로 간주되었던 많은 일들을 하기 시작했다. 남성들이 전쟁에서 돌아오자마자 다시 대부분의 일들을 남성이 차지했지만, 이미 만들어진 형태가 무너지기 시작했다. 전

쟁 이후 성적인 분업이 극적으로 변했다. 1945년에 여성이 전체 노동력의 29%만을 차지했다면, 1971년에는 반 정도의 여성이 경제 활동에 참여하였다. 2018년에는 영국에서 30~45세 여성의 75% 이상이 경제적으로 경제활동에 참여하였으며, 이것은 여성들의 소득이 있는 일을 하거나 일을 찾았다는 것을 의미한다.

① (가)–(다)–(마)–(나)–(라)
② (나)–(라)–(마)–(다)–(가)
③ (마)–(다)–(가)–(나)–(라)
④ (마)–(다)–(라)–(나)–(가)

정답 해설 글의 문단들은 내용적으로 여성의 경제활동 참여가 지속적으로 증가하게 된 배경과 양상을 논하고 있는 (가), (다), (마)와 여성의 경제활동 참여의 증가로 남성과 여성 간의 경제활동 참여율 격차가 줄어들게 된 이유를 설명하고 있는 (나), (라)로 구분할 수 있다.

먼저 (가), (다), (마)를 살펴보면, (마)의 경우 여성의 경제활동 참여가 지속적으로 증가해 온 배경과 그것의 역사적인 추이를 총괄적으로 제시하고 있는 것으로 보아, 논의의 대상을 도입하는 문단의 성격을 지닌다. 그리고 (다)의 '가장 중요한 증가'라는 표현을 통해 여성의 경제활동 참여 증가의 두드러진 특징에 대해 서술하는 문단임을 알 수 있다. 그런데 (가)는 남성과의 비교 속에서 여성의 경제활동 비율이 높아지고 있는 추세와 향후 전망을 제시하고 있는 (다), (마)와 연관이 되고, 남성과 여성 간의 최근 경제활동 참여율 격차가 줄어드는 이유를 설명하고 있는 (나), (라)와도 연관된다. 즉 (가)는 앞의 (마)와 (다)의 내용과 (나)와 (라)의 내용을 잇는 역할을 하고 있다. 즉 (마) – (다) – (가)의 순서로 배열해야 한다.

또한 (나)와 (라)는 남성과 여성 간의 최근 경제활동 참여율 격차가 줄어드는 이유를 설명하고 있는데, '첫째'와 '또한~이유로' 등의 표현을 통해 (나) – (라)의 순임을 알 수 있다.

따라서 글의 문단 순서는 (마) – (다) – (가) – (나) – (라)이다.

07 다음 글로부터 '확신인간'에 대해 추론할 수 있는 것은?

반 보크트는 히틀러나 스탈린 등으로부터 '확신인간'이라는 인간상을 만들어냈다. 그는 이들의 비인도적 행위에 대해 이렇게 묻는다. "이런 인간의 행동에 깔려있는 동기는 도대체 무엇인가? 자기와 생각이 다른 사람을 부정직하거나 나쁜 사람이라고 단정하는데, 그러한 단정은 도대체 어디에 근거하는가? 마음속 깊이 자기는 한 점의 잘못도 범하지 않는 신이라고 믿는 것은 아닐까?"

반 보크트는 확신인간이 이상주의자라고 지적한다. 이들은 자기만의 고립된 정신세계에 살면서 현실의 다양한 측면이 자신의 세계와 어긋나고 부딪힐 때 이를 무시하려고 안간힘을 쓴다. 힘을 쥐게 되면 이들은 자신이 그리는 이상적인 세계의 틀에 맞추어 현실을 멋대로 조정하려 한다.

그러나 확신인간도 아내나 자기와 밀접한 관계에 있는 사람이 그를 버리면 한순간에 심리적 공황상태에 빠져버리는 경향이 있다. 이러한 상황에 이르면 그는 완전히 기가 꺾여 앞으로는 행실을 고치겠다고 약속한다. 하지만 그렇게 해도 상황이 원상으로 복구되지 않으면 알코올 중독에 빠지거나 마약에 손을 대며 최악의 경우 자살에 이르기도 한다. 그에게 있어 근본 문제는 자기감정을 통제하지 못한다는 것과 뿌리 깊은 열등감이다. 설혹 외형적으로 성공한다 하더라도 그러한 성공이 마음속 깊은 근원적 문제에까지 영향을 미치지는 못한다.

확신인간은 결코 타인에 의해 통제받지 않겠다는 성격적 특징을 갖는다. 인간은 누구나 현실 사회에서, 특히 타인과의 관계에서 자제심을 배울 수밖에 없다. 그러나 이들은 쉽게 자제심을 잃고 미친 사람처럼 행동한다. 심각한 문제는 그 후에도 이들은 전혀 반성하지 않고 이를 '당연하다'고 생각한다는 점이다. 확신인간에게 분노와 같은 격렬한 감정의 폭발은 그의 이러한 '당연하다'는 생각을 강화한다. 당연하다는 생각은 감정폭발에 대한 자기 통제력을 약화시켜 감정폭발을 더욱 강화한다. 이러한 경향이 폭력심리의 기본이며 범죄의 기본이다.

① 확신인간의 폭력성은 불가피한 상황에서 우발적으로 발생한다.
② 확신인간의 감정 폭발은 자신의 폭력적 행동을 더욱 심화시킨다.
③ 확신인간은 자신을 둘러 싼 주위환경의 변화에 괴로워하지 않는다.
④ 확신인간의 경우 부부관계가 위기에 빠지면 행동에 변화를 일으키나, 관계가 회복되면 원래의 모습으로 돌아간다.

정답 해설 ②는 셋째 단락 후반부의 '확신인간에게 분노와 같은 격렬한 감정의 폭발은 그의 이러한 '당연하다'는 생각을 강화한다. 당연하다는 생각은 감정폭발에 대한 자기 통제력을 약화시켜 감정폭발을 더욱 강화한다. 이러한 경향이 폭력심리의 기본이며 범죄의 기본이다'에서 추론할 수 있는 내용이다. 즉, '확신인간'에게 나타나는 감정의 폭발은 그에 대한 자기 통제력을 약화시키게 되고, 이는 결국 폭력적 행동을 더욱 강화할 수 있다는 것이다.

08 다음 글에서 추론할 수 있는 것만을 아래의 〈보기〉에서 모두 고르면?

빌케와 블랙은 얼음이 녹는점에 있다 해도 이를 완전히 물로 녹이려면 상당히 많은 열이 필요함을 발견하였다. 당시 널리 퍼진 속설은 얼음이 녹는점에 이르면 즉시 녹는다는 것이었다. 빌케는 쌓여있는 눈에 뜨거운 물을 끼얹어 녹이는 과정에서 이 속설에 오류가 있음을 알게 되었다. 눈이 녹는점에 있음에도 불구하고 많은 양의 뜨거운 물은 눈을 조금밖에 녹이지 못했기 때문이다.

블랙은 1757년에 이 속설의 오류를 설명할 수 있는 실험을 수행하였다. 블랙은 따뜻한 방에 두 개의 플라스크 A와 B를 두었는데, A에는 얼음이, B에는 물이 담겨 있었다. 얼음과 물은 양이 같고 모두 같은 온도, 즉 얼음의 녹는점에 있었다. 시간이 지남에 따라 B에 있는 물의 온도는 계속해서 올라갔다. 하지만 A에서는 얼음이 녹으면서 생긴 물과 녹고 있는 얼음의 온도가 녹는점에서 일정하게 유지되었는데 이 상태는 얼음이 완전히 녹을 때까지 지속되었다. 얼음을 녹이는 데 필요한 열량은 같은 양의 물의 온도를 녹는점에서 화씨 140도까지 올릴 수 있는 정도의 열량과 같았다. 블랙은 이 열이 실제로 온도계에 변화를 주지 않기 때문에 이를 '잠열(潛熱)'이라 불렀다.

보기

㉠ A의 온도계로는 잠열을 직접 측정할 수 없었다.
㉡ 얼음이 녹는점에 이르러도 완전히 녹지 않는 것은 잠열 때문이다.
㉢ A의 얼음이 완전히 물로 바뀔 때까지, A의 얼음물 온도는 일정하게 유지된다.

① ㉠, ㉡　　② ㉠, ㉢
③ ㉡, ㉢　　④ ㉠, ㉡, ㉢

㉠, ㉢ 둘째 단락에서 추론할 수 있는 내용이다. A에서는 얼음이 완전히 녹을 때까지 얼음물의 온도가 녹는점에서 일정하게 지속되며(㉢), 잠열(潛熱)은 온도계에 변화를 주지 않으므로 온도계로 직접 측정할 수는 없다(㉠).

㉡ 첫째 단락에서 얼음이 녹는점에 이르러도 즉시 녹지 않고 완전히 물로 녹이려면 상당한 많은 열이 필요하다고 하였고, 둘째 단락의 빌케의 실험에서 이 열을 '잠열(潛熱)'이라 하였다. 따라서 얼음이 녹는점에서도 곧바로 완전히 녹지 않는 것은 잠열 때문이라 할 수 있다.

따라서 〈보기〉의 ㉠, ㉡, ㉢은 모두 글에서 추론할 수 있는 내용에 해당한다.

정답 08 ④

[09~10] 다음은 어느 유통업체 고객서비스센터에서 자주 들어오는 질문들이다. 아래의 제시 상황을 보고 이어지는 질문에 답하시오.

Q1. 주문한 상품을 취소하고 싶어요. 어떻게 하면 되나요?
Q2. 내 주문내역 확인은 어디에서 가능한가요?
Q3. 주문완료 후 배송지를 변경할 수 있나요?
Q4. 발송완료 상태인데 아직 상품을 받지 못했어요!
Q5. 현금영수증 발급 내역은 어디에서 확인하나요?
Q6. 전자세금계산서는 신청 후 바로 발급이 가능한가요?
Q7. 이미 결제한 주문건의 결제 수단을 변경할 수 있나요?
Q8. 취소 요청한 상품의 취소 여부는 언제 어디서 확인해 볼 수 있나요?
Q9. 반품하기로 한 상품을 아직도 회수해 가지 않았어요!
Q10. 발송완료 SMS를 받았는데 언제쯤 상품을 받을 수 있는 건가요?
Q11. 결제할 때 오류가 나는데 어떻게 하나요?
Q12. 당일 주문하면 받을 수 있는 상품이 있나요?

09 **홈페이지 개편에 따라 기존의 자주 하는 질문을 다음 정보로 분류하여 정리하려고 한다. ㉠~㉣에 들어갈 수 있는 질문으로 적절하지 않은 것은?**

주문/결제	반품/교환	배송	영수증
㉠	㉡	㉢	㉣

① ㉠ : Q1, Q3
② ㉡ : Q9
③ ㉢ : Q4, Q10
④ ㉣ : Q5

Q3의 질문은 주문/결제가 아닌 배송과 관련된 질문이므로 해당 분류에 들어가지 않는다.

오답 해설 ② Q9의 질문은 반품/교환과 관련된 질문으로 Q9 이외의 유사한 질문은 없다.
③ Q4, Q10의 질문은 배송과 관련된 질문으로 Q3, Q12도 함께 포함된다.
④ Q5의 질문은 영수증과 관련된 질문으로 Q5 이외의 유사한 질문은 없다.

10 위의 정보에 따라 분류를 완료하자 상사가 고객들이 보다 손쉽게 정보를 찾을 수 있도록 질문을 키워드 중심으로 정리했으면 좋겠다고 덧붙였다. 상사의 조언에 따라 메뉴를 변경하려고 할 때, [메뉴] – [키워드] – 질문의 연결로 옳은 것은?

① [배송] – [배송지변경] – Q4
② [배송] – [배송확인] – Q2
③ [주문/결제] – [주문취소] – Q8
④ [주문/결제] – [주문접수] – Q9

정답 해설 Q8은 주문취소와 관련된 질문으로 해당 키워드에 적절하다.

오답 해설 ① Q4는 상품수령과 관련된 질문이다.
② Q2는 거래내역 확인과 관련된 질문이다.
④ Q9는 배송확인과 관련된 질문이다.

11 다음 글의 빈 칸에 들어갈 것으로 적절한 문장은?

기분관리 이론은 사람들의 기분과 선택 행동의 단계에 대해 설명하기 위한 이론으로 사람들이 현재의 기분을 최적 상태로 유지하려 한다는 것이 특징이다. 따라서 기분관리 이론은 흥분 수준이 최적 상태보다 높을 때는 사람들이 이를 낮출 수 있는 수단을 선택하려고 예측하는 반면 흥분 수준이 낮을 때는 이를 회복시킬 수 있는 수단으로 선택한다고 예측한다. 예를 들어 음악 선택의 상황에서 전자의 경우에는 차분한 음악을 선택하고 후자의 경우에는 흥겨운 음악을 선택한다는 것이다.

기분조정 이론은 기분관리 이론이 현재 시점에만 초점을 맞추고 있다는 점을 지적하고 이를 보완하고자 한다. 기분조정 이론을 음악 선택의 상황에 적용하면 (   ) 고 예측할 수 있다. 연구자 A는 음악 선택 상황을 통해 기분조정 이론을 검증하기 위한 실험을 했는데 실험 참가자들을 두 집단으로 나누고 집단1에게는 한 시간 후 재미있는 놀이를 하게 된다고 말했고 집단2에게는 한 시간 후 심각한 과제를 하게 된다고 말했다.

집단1은 최적 상태 수준에서 즐거워했고 집단2는 최적 상태 수준을 벗어날 정도로 기분이 가라앉았다. 이 때 연구자A가 참가자들에게 기다리는 동안 음악을 선택하게 했더니 집단1이 다소 즐거운 음악을 선택한 반면 집단2는 과도하게 흥겨운 음악을 선택했다. 그러나 30분이 지나고 각 집단이 기대하는 일을 하게 될 시간이 다가오자 두 집단 사이에는 뚜렷한 차이가 나타났다. 집단1은 선택에는 큰 변화가 없었으나 집단2는 기분을 가라앉히는 차분한 음악을 선택하는 쪽으로 변해간 것이다. 이러한 선택의 변화는 기분조정 이론을 뒷받침하는 것으로 간주되었다.

① 사람들은 현재의 기분을 지속하는 데 도움이 되는 음악을 선택한다.
② 사람들은 현재의 기분이 즐거울 경우에는 그것을 조정하기 위해 그와 반대되는 기분을 자아내는 음악을 선택한다.
③ 사람들은 기분 관리와 조정에 대해 상반된 태도를 갖는다.
④ 사람들은 다음에 올 상황에 맞추어 현대의 기분을 조정하는 음악을 선택한다.

정답 해설 해당 지문은 기분조정 이론과 기분관리 이론 2가지 소재를 다루며 각각의 해당 사례를 제시하고 있는데 먼저 기분관리 이론은 전자, 후자의 경우로 나누어 예시를 제시한다. 다음으로 기분조정 이론을 설명하면서 기분관리를 보완하기 위함인 것을 보여준다. 이에 대한 예시를 표로 구성하면 다음과 같다.

집단1	집단2
재미있는 놀이 → 즐거운 음악 → 변화 없음	심각한 과제 → 과도하게 흥겨운 음악 → 차분한 음악

따라서 집단2는 다가올 과제에 대해 현재 기분을 조정하고 있음을 알 수 있다.

12 다음 글의 입장을 강화하는 내용으로 적절하지 않은 것은?

고대사회를 정의하는 기준 중의 하나로 '생계경제'가 사용되곤 한다. 생계경제 사회란 구성원들이 겨우 먹고 살 수 있는 정도의 식량만을 확보하고 있어서 식량 자원이 줄어들게 되면 자동적으로 구성원 전부를 먹여 살릴 수 없게 되고, 심하지 않은 가뭄이나 홍수 등의 자연재해에 의해서도 유지가 어렵게 될 수 있는 사회를 의미한다. 그러므로 고대사회에서의 삶은 근근이 버텨가는 것이고, 그 생활은 기아와의 끊임없는 투쟁이다. 왜냐하면 그 사회에서는 기술적인 결함과 그 이상의 문화적인 결함으로 인해 잉여 식량을 생산할 수 없기 때문이다.

고대사회에 대한 이러한 견해보다 더 뿌리 깊은 오해도 없다. 소위 생계경제의 성격을 지닌 것으로 간주되는 많은 고대사회들, 예를 들어 남아메리카에서는 종종 공동체의 연간 필요 소비량에 맞먹는 잉여 식량을 생산했다는 점에 주의를 기울일 필요가 있다. 기아와의 끊임없는 투쟁을 의미하는 생계경제가 고대사회를 특징짓는 개념이라면 오히려 프롤레타리아가 기아에 허덕이던 19세기 유럽 사회야말로 고대사회라고 할 수 있을 것이다. 사실상 생계경제라는 개념은 서구의 근대적인 이데올로기의 영역에 속하는 것으로 결코 과학적 개념도구가 아니다. 민족학을 위시한 근대 과학이 이토록 터무니없는 기만에 희생되어 왔다는 것은 역설적이며, 더군다나 산업 국가들이 이른바 저발전 세계에 대한 전략의 방향을 잡는 데 기여했다는 사실은 두렵기까지 하다.

① 고대사회도 경제적으로 풍요로웠다는 사실에 대한 예시는 엄연히 존재한다.
② 산업사회로 이행하기 이전에도 경제적 잉여는 발생하였고 계급도 형성되었다.
③ 자연재해나 전쟁으로 인해 고대사회는 항상 불안정한 상황에 처해 있었다.
④ 고대사회에서 존재하였던 축제는 경제적인 잉여를 해소하는 기제로 작용했다.

정답 해설 첫째 단락에서 '생계경제 사회란 구성원들이 겨우 먹고 살 수 있는 정도의 식량만을 확보하고 있어서 식량 자원이 줄어들게 되면 자동적으로 구성원 전부를 먹여 살릴 수 없게 되고, 심하지 않은 가뭄이나 홍수 등의 자연재해에 의해서도 유지가 어렵게 될 수 있는 사회'라고 했으므로, 자연재해나 전쟁으로 고대사회가 항상 불안정한 상황에 처해 있었다는 내용은 오히려 고대사회가 생산경제 사회에 머물렀다는 것을 뒷받침하는 내용이 된다.

오답 해설 ① 제시문의 입장을 강화시키는 내용이라 할 수 있다.
② 경제적 잉여가 산업사회 이전에도 발생하였다는 것은 고대사회가 생산경제 사회였다는 주장을 부정하는 내용이므로 적절하다.

④ 제시문은 고대사회를 '생계경제 사회'로 정의하는 것은 뿌리 깊은 오해라는 입장이다. 그리고 여기서 말하는 생계경제 사회란 첫째 단락에서 나와 있는 바와 같이, 구성원들이 겨우 먹고 살 수 있는 정도의 식량만을 확보하고 있고 그 사회의 기술적 · 문화적 결함으로 인해 잉여 식량을 생산할 수 없는 사회를 말한다. 따라서 이러한 입장을 뒷받침하는 내용을 찾으면 되고 고대사회의 축제가 경제적인 잉여를 해소하는 기제로 작용했다는 내용은 고대사회를 생계경제 사회로 볼 수 없다는 내용을 뒷받침하는 내용이다.

13 사람들이 아래 신문기사를 읽고 나눈 〈보기〉의 대화 흐름상 괄호 안에 들어갈 말로 가장 적절한 것은?

〈콜레스테롤의 유래〉

콜레스테롤이 대중의 관심사로 등장한 것은 대략 60년 전부터이다. 1956년 미국심장협회(AHA)가 심장 건강을 위해 콜레스테롤과 총지방, 포화지방 섭취량을 줄이라며 촉구하고 나선 것이 계기가 되었다. AHA는 음식에 든 콜레스테롤이 체내 콜레스테롤 수치를 높이고, 이것이 심장병으로 연결된다고 했다. 5년 후 나온 프레밍엄 심장연구보고서는 '콜레스테롤은 나쁜 것'이란 인식에 쐐기를 박았다. 콜레스테롤 수치가 높은 50대 이하 남성의 경우 심장병을 앓을 확률이 커진다는 보고서였다. 여기에 흡연과 체중 과다까지 겹치면 가능성은 훨씬 커진다고 봤다.

보고서가 나오자 콜레스테롤 함량이 가장 높은 달걀 업체의 타격이 제일 컸다. 매출이 30%나 뚝 떨어졌다. 달걀 노른자는 한 개 평균 250㎎의 콜레스테롤을 함유하고 있다. 하나만 먹어도 미국식생활지침자문위원회(DGAC)가 내놓은 하루 콜레스테롤 섭취권장량인 300㎎에 육박한다. 세계 보건기구도 콜레스테롤 섭취량을 하루 300㎎ 이하로 유지하도록 권장하고 있다.

보기

A : 하지만 콜레스테롤이 '공공의 적'이라 생각하면 오산이야. 콜레스테롤은 세포막을 만드는 데 꼭 필요한 성분이라고 해.

B : 뇌나 척수, 말초신경 같은 신경계 막을 구성하는 필수 요소기도 하지.

C : 하지만 (   )

D : 맞아. 콜레스테롤이 높은 음식을 먹으면 체내 콜레스테롤 수치가 높아질 가능성이 발생하기 때문이지.

① 콜레스테롤은 칼로리가 높아서 되도록이면 피하는 것이 좋아.
② 콜레스테롤은 흡연과 체중 과다를 일으키는 직접적인 원인이야.
③ 콜레스테롤이 우리 몸의 구성성분을 만드는 역할만 하는 것은 아니야.
④ 콜레스테롤이 심장질환을 앓고 있는 사람들에게 해로운 것은 사실이야.

정답 해설 기사 세 번째 줄의 '음식에 든 콜레스테롤이 체내 콜레스테롤 수치를 높이고, 이것이 심장병으로 연결된다'는 기사가 단서로 콜레스테롤이 심장질환을 앓고 있는 사람들에게는 해롭다는 답으로 이어질 수 있다.

1DAY 2DAY 3DAY

[14~15] 다음 글을 읽고 물음에 답하시오.

자유주의는 평등과 정의의 문제를 모든 개인의 자유와 권리를 똑같이 보장하는 것으로 보았고, 이를 수행하기 위한 최소한의 국가를 주장했다. 자유주의의 이론적 배경은 자본주의 사회의 역사적 전개 과정에 있었다. 그러나 역설적으로 자유주의는 자본주의의 발전 과정에서 사상적 기반이 흔들리게 되었다. 즉, 경쟁적 산업 자본주의 단계가 국가 독점 자본주의 단계로 전개되는 과정에서 국가는 집적과 집중에 의한 자본 축적의 기능을 수행하며 거대화되었다. 그리고 거대화된 국가는 부르주아의 권력 독점이라는 실질적인 정치적 불평등의 심화와 더불어 첨예한 사회경제적 불평등을 초래했다. 그리고 이러한 권력은 노동자 계급의 자유와 권리를 심각할 정도로 침해하는 것이었다.

자유주의자들은 이와 같은 사태에 직면해서 자신들의 입장을 어느 정도 수정하지 않을 수 없었다. 이는 복지 국가 노선을 적극적으로 수용하는 것을 의미했다. 이와 같은 수정 자유주의 이론 중에서 ㉠ 롤즈의 사회 정의론은 주목할 만한 것이다.

롤즈는 "진리가 사상 체계의 첫째 덕목이듯이, 정의는 사회 제도의 첫째 덕목이다."라고 하였다. 즉, 정의란 고전적 자유주의자들이 생각하는 것처럼 개인적 차원의 문제가 아니라 사회적 차원의 문제로서 바람직한 사회의 기본 구조와 제도를 규제하는 원칙이라는 것이다. 그리고 이와 같은 정의의 원칙은 자본가 계급에 속하는 사람이건 노동자 계급에 속하는 사람이건 모든 사람이 다 받아들일 수 있는 것이어야 한다. 그렇기 때문에 국가는 모든 개인의 평등한 자유를 최대한 보장하는 동시에 정당화될 수 없는 어떠한 정치적, 사회적, 경제적 불평등도 허용해서는 안 된다. 다시 말해서 롤즈의 목표는 자유, 권력, 소득, 부,

기회와 같은 사회적 기본 가치를 분배하는 데 정당화될 수 있는 불평등만을 인정함으로써 최대한의 평등을 달성할 수 있는 정의의 원칙을 제시하여 바람직한 사회의 기본 구조와 제도를 마련하고자 한 것이다.

이에 따라서 롤즈는 정의의 두 가지 원칙을 제시했다. 첫 번째는 평등한 자유의 원칙으로, 개인 각자는 모든 사람에게 허용될 수 있는 자유와 양립 가능한 범위 안에서 최대한으로 광범위한 기본적 자유 권리를 갖는다. 다시 말해서 개인은 전체의 자유를 무너뜨리지 않는 범위 안에서 최대한의 자유를 가질 수 있고, 각 개인의 이러한 자유는 전체의 자유와 평등한 정도로 보장되어야 한다는 것이다. 그리고 두 번째는 차등의 원칙으로, 사회경제적 불평등은 최소 수혜자에게 최대 이익을 보장하도록 조정되어야 한다는 것이다. 이때 불평등의 계기가 되는 직위와 지위는 공정한 기회 균등의 원칙에 따라 모든 사람에게 개방되어야 한다.

롤즈의 이러한 수정 자유주의는 기본적으로 ㉡ 자유주의의 전통에 서 있다. 그러나 이 양자에는 중대한 차이점이 있다. 자유주의자들도 일반적으로 불평등을 정당화할 수 있는 최선의 전략을 공정한 기회 균등에서 찾았다. 그러나 이들은 공정한 기회 균등의 원칙을 통과한 불평등을 무조건 정당하다고 보았다. 반면에 수정 자유주의자들은 이에 대한 또 다른 조건을 설정하고 있다. 즉 차등 원칙에 따르면, 기회 균등과 공정한 경쟁을 통과한 사회적 불평등이라 할지라도 그 자체로 정당화되는 것이 아니라 최소 수혜자에게 최대의 이익을 보장해 주어야 하는 것이다.

14 다음 중 ㉠의 전제 조건으로 가장 적절한 것은?

① 자유와 평등도 중요하지만 정의보다는 하위 개념이다.
② 자유와 평등은 필연적으로 어느 한쪽을 배제하기 마련이다.
③ 자유와 평등의 조화를 위해서는 양자를 배제한 새로운 이념이 필요하다.
④ 자유와 평등이 상호 보완적 관계를 이루기 위해서는 양자의 충돌이 불가피하다.

정답 해설 셋째 단락 첫 문장의 '정의는 사회 제도의 첫째 덕목이다'라는 내용과 넷째 단락에서 제시한 사회 정의론의 두 가지 원칙을 통해, ㉠의 전제 조건을 파악할 수 있다. 특히, 넷째 단락에서 '개인 각자는 모든 사람에게 허용될 수 있는 자유와 양립 가능한 범위 안에서 최대한으로 광범위한 기본적 자유 권리를 갖는다'와 '사회 경제적 불평등은 최소 수혜자에게 최대 이익을 보장하도록 조정되어야 한다는 것이다'

라고 하였는데, 이는 결국 사회의 정의를 위해 권리가 제한 · 조정될 수 있다는 것을 의미하므로, 권리(자유와 평등)의 개념을 정의의 개념보다 하위 개념으로 전제하고 있다는 것을 알 수 있다. 따라서 ①~④ 중 롤즈의 사회 정의론의 전제 조건으로 가장 적절한 것은 ①이 된다.

15 다음 중 ㉡의 핵심을 가장 잘 표현한 것은?

① 만인의 복지를 위해 최소한의 정부를 추구한다.
② 최소한의 제약으로 최대한의 자유를 추구한다.
③ 다양한 가치관보다 다양한 삶의 양식을 지향한다.
④ 경쟁적 산업 자본주의를 통해 노동자 계급의 지위를 보장한다.

정답해설 첫째 단락에서 '자유주의는 평등과 정의의 문제를 모든 개인의 자유와 권리를 똑같이 보장하는 것으로 보았고, 이를 수행하기 위한 "최소한의 국가"를 주장했다'라고 하였고, '역설적으로 자유주의는 자본주의의 발전 과정에서 사상적 기반이 흔들리게 되었다. 즉, 경쟁적 산업 자본주의 단계에서 국가 독점 자본주의 단계로 전개되는 과정에서 국가는 집적과 집중에 의한 자본 축적의 기능을 수행하면서 거대화되었다'라고 하였다. "최소한의 국가"가 독점 자본주의 단계로 접어들면서 흔들려 국가의 기능이 거대화되었다고 하였으므로, 결국 자유주의의 핵심은 국가의 기능을 최소화하면서 자유를 추구하는 것이라 볼 수 있다. 따라서 자유주의의 핵심을 가장 잘 표현한 것은 ②이다.

오답해설 ① '만인의 복지'는 국가의 개입과 간섭의 확대, 역할의 강화와 연결되므로, 자유주의의 핵심과는 거리가 멀다.
③ 글에서 언급된 자유주의에 관한 내용과 관련이 없다.
④ 첫째 단락에서 경쟁적 산업 자본주의 단계가 국가 독점 자본주의 단계로 전개되는 과정 속에 노동자 계급의 자유와 권리는 심각할 정도로 침해되었다고 했으므로, 옳지 않다.

[16~17] 다음 정보보안 연수 자료를 읽고 이어지는 물음에 답하시오.

USB는 기업 내부 정보가 유출되는 주요 경로 중 하나인데 모바일 및 클라우드 업무 환경이 급속도로 퍼지고 있음에도 여전히 기업 내에서 생산성의 주축이 되는 업무는 주로 PC로 이뤄지고 있기 때문이다. 특히 서버 같은 핵심 인프라와 달리 PC는 개인화된 장비라는 인식이 저변에 깔려있기 때문에 그만큼 위험에 노출될 가능성이 크며 의도적인 정보 유출뿐만 아니라 업무용 USB를 분실하거나 도난당하면서 뜻하지 않게 중요한 정보를 노출하는 사례도 적지 않다. 업계에 따르면 최근 은행, 증권사, 보험사 등에서 보안 USB 도입이 많이 증가하는 추세로 보안 USB는 사용자 인증, 데이터 암호화, 복제 방지, 분실 및 도난 방지 기능 등을 하나 이상 탑재하고 있어 사소한 실수로 기업의 중요 정보가 유출되는 것을 막는 데 도움을 줄 수 있다.

( )

단, 보안 USB도 하나의 보안 솔루션이라는 점에서 이를 사용하는 기업 또는 개인이 보안 수칙을 준수하지 않으면 무용지물이 될 수 있다는 점을 명심할 필요가 있다. 내부자에 의한 치명적인 정보 유출을 막기 위해 기업들은 보안 솔루션 도입은 물론, 정기적인 보안 교육을 통해 정보 유출의 위험성과 위법성을 적극적으로 알리고 협력 업체와 기밀유지 계약을 맺는 등 기업 내부 정보의 흐름을 파악하려는 노력이 필요하다.

16 **제시된 자료의 괄호 안에 들어갈 내용으로 적절하지 않은 것은?**

① A카드는 작년부터 지정된 시간 동안 사용하지 않으면 자동으로 잠금 상태로 전환되는 타이머 자동 잠금, 무차별 비밀번호 대입으로 인한 해킹 방지 등의 기능이 있는 USB를 제공하고 있다.

② B시큐리티가 올해 개발한 USB는 암호화 칩을 탑재해 USB에 저장되는 모든 데이터를 실시간으로 암호화할 수 있지만 이렇게 된 데이터는 USB를 분해하더라도 확인이 불가능하다.

③ C사는 데이터가 기록되는 디스크의 논리적 사고를 바꾸고 이를 커널 레벨에서 자체적으로 처리하는 기술을 적용한 보안 USB 출시를 앞두고 있으며 평소에는 보안 영역이 존재하지 않는 것처럼 모습을 숨기고 있다가 전용 소프트웨어를 실행하고 비밀번호를 입력하면 모습을 드러내는 제품이다.

④ 기업체마다 이러한 보안 USB 사용이 필수 매뉴얼로 자리 잡고 있는데 작년 말 D사 내부자료 유출 사고 당시 D사에서도 보안 USB를 사용하고 있었으나 정작 관리가 소홀했다는 지적을 피하지 못했던 것도 기본 보안 수칙의 중요성을 잘 말해준다.

정답 해설 본문의 흐름에 따라 괄호 안에는 기업의 중요 정보가 유출되는 것을 예방해주는 보안 USB에 관한 내용이 들어가야 하지만 ④는 보안 USB가 있어도 결국 기본 보안 수칙을 잘 지키는 것이 중요하다는 내용이며 이는 괄호 속 문단 이후에 언급되는 내용이므로 적절하지 않다.

17 위의 자료를 바탕으로 회사 동료가 업무용 컴퓨터에 저장된 자료를 개인용 USB에 저장하는 듯 하는 모습을 목격했을 때 취해야 할 행동으로 가장 적절한 것은?

① 잘못된 습관인지 고의적인 행동인지 판단하기 위해 다음 행동을 관찰한다.
② 자신과 함께 해당 보안 연수를 들었던 사람이었으므로 그를 신뢰하고 지나친다.
③ 목격한 장면에 대해 직접 물어서 사실관계를 확인한다.
④ 회사 감사팀이나 보안관련 부서에 해당 사실을 알린다.

정답 해설 자신이 동료의 행동에 대한 오해를 가졌거나 동료가 윗사람의 지시를 받은 일을 하는 것일 수도 있기 때문에 먼저 사실관계를 파악하고 생각한 후 행동의 방향을 결정하는 것이 적절하다.

18 다음 중 밑줄 친 단어와 의미가 같은 것은?

신문에서 처음 <u>보는</u> 단어를 발견했다.

① 교차로를 건널 때는 신호등을 잘 <u>보고</u> 건너야 한다.
② 그는 연극을 <u>보는</u> 재미로 극장에서 일한다.
③ 소년의 사정을 <u>보니</u> 딱하게 되었다.
④ 장맛을 <u>보면</u> 그 집의 음식 솜씨를 알 수 있다.

정답 해설 제시문과 ①번의 '보다'는 '눈으로 대상의 존재나 형태적 특징을 알다'는 의미이다.

정답 16 ④ | 17 ③ | 18 ①

오답해설 ② '눈으로 대상을 즐기거나 감상하다'의 의미로 사용된다.
③ '상대편의 형편 따위를 헤아리다'의 의미로 사용된다.
④ '음식 맛이나 간을 알기 위하여 시험 삼아 조금 먹다'의 의미로 사용된다.

19 다음의 빈칸에 들어갈 말로 가장 적합한 것은?

지난해 부산지방경찰청에서는 300억 원 상당의 물품을 압수하였으며, 그 중 150억 원에 달하는 자동차, 보석류, 컴퓨터 등이 금주 토요일 경매에 (　　　)될 예정이다. 이 물품들은 모두 상태가 양호하며 당 행사에서 바로 판매될 것이다.

① 낙찰　　② 응찰
③ 입찰　　④ 시찰

정답해설 의미상 '입찰'이 적합하다. '입찰'은 '상품의 매매나 도급 계약을 체결할 때 여러 희망자들에게 각자의 낙찰 희망 가격을 서면으로 제출하게 하는 일'을 뜻한다.

오답해설 ① '낙찰'은 '경매나 경쟁 입찰에서 물건이나 일이 일정한 가격으로 결정되는 것'을 의미한다.
② '응찰'은 '입찰에 참가함'이라는 의미이다.
④ '시찰'은 '두루 돌아다니며 사정을 살핌'이라는 의미이다.

20 다음 밑줄 친 부분과 관련된 사자성어로 알맞은 것은?

중국 삼국시대 오(吳)나라 왕 손권(孫權)은 부하 장수 여몽(呂蒙)이 무술만 연마하고 학식이 없는 것을 염려하였다. 국가의 대사를 맡으려면 글을 읽어 지식을 쌓아야 한다는 왕의 당부에 따라 여몽은 이때부터 학문을 열심히 닦았다. 한편 평소 여몽을 별 볼일 없는 사람으로 경시했던 재상 노숙(魯肅)은 그가 전과 달리 인상이 온화해지고 학식이 풍부해졌음에 깜짝 놀랐고 이에 여몽이 다음과 같이 말했다. "선비라면 사흘을 떨어져 있다 만났을 땐 눈을 비비고 다시 대해야 할 정도로 달라져 있어야 하는 법입니다."이후 여몽은 노숙이 죽은 뒤 그의 뒤를 이어 손권을 보좌하여 국력을 키우는데 힘썼으며 촉(蜀)나라 관우(關羽)를 죽이고 형주를 빼앗는 등 갖가지 큰 공을 세워 오나라 백성들에게 명장으로 추앙받았다.

① 괄목상대(刮目相對)
② 절차탁마(切磋琢磨)
③ 회광반조(恢廣返照)
④ 수주대토(守株待兎)

정답 해설 제시문은 '괄목상대(刮目相對)'의 유래를 나타낸 말로 눈을 비비고 상대방을 대한다는 뜻을 갖고 있으며 상대방의 학식이나 재주가 갑자기 몰라볼 정도로 나아졌음을 이르는 말이다.

오답 해설 ② '칼로 다듬고 줄로 쓸며 망치로 쪼고 숫돌로 간다'는 뜻으로 학문을 닦고 덕행을 수양하는 것을 비유하는 말이다.

③ '빛을 돌이켜 거꾸로 비춘다'라는 뜻으로, 불교의 선종(禪宗)에서 언어나 문자에 의존하지 않고 자기 마음 속의 영성(靈性)을 직시하는 것을 의미하기도 하고, 사람이 죽기 직전에 잠시 온전한 정신이 돌아오는 것을 비유하기도 한다.

④ '나무 그루터기를 지키며 토끼를 기다린다'는 뜻으로, 실효성 없는 기대는 공연히 시간만 허비하고, 우연한 행운 또는 불로소득을 기대하는 어리석음을 말한다.

21 다음 주어진 문자의 나열을 보고 유추하였을 때 괄호 안에 들어갈 알맞은 숫자는?

5, 3, 13　　10, 3, 28　　8, 4, 30　　6, 2, (　)

① 10
② 12
③ 18
④ 20

정답 해설 다음 나열된 수를 각각 a, b, c라고 할 때 $(a \times b) - 2 = c$의 규칙을 가지고 있으므로 괄호 안에 들어갈 수는 $6 \times 2 - 2 = 10$이다.

22 다음 조건에 따른 자연수로 옳은 것은?

- 두 자리 자연수이다.
- 이 자연수는 각 자릿수를 더한 값의 8배이다.
- 이 자연수는 각 자릿수의 자리를 바꾼 값보다 45가 많다.

① 55 ② 68

③ 86 ④ 72

정답 해설 십의 자리 수를 x, 일의 자리 수를 y라고 하면 다음과 같은 두 방정식이 나온다.

$10x+y=(x+y)\times 8 \rightarrow 2x-7y=0$ ⋯ ㉠

$10x+y=x+10y+45 \rightarrow x-y=5$ ⋯ ㉡

㉠, ㉡을 연립하면 $x=7$, $y=2$이며 두 자리 자연수는 72가 된다.

23 A의 가게에서는 원가가 개당 4,000원인 물품에 6할의 이익을 붙여 정가로 팔았으나 이후 경기가 좋지 않아 결국 정가의 4할을 할인하여 팔았다. 이 물품을 할인해서 팔 때, 물품 하나당 발생하는 이익 또는 손실은?

① 160원 이익 ② 160원 손실

③ 80원 이익 ④ 80원 손실

정답 해설 여기서 정가는 '원가(1+이익률)'이 되며, 할인된 판매가는 '정가(1−할인률)'이 된다.

개당 원가가 4,000원이므로, 정가는 '4,000(1+0.6)=6,400(원)'이 된다. 또한 할인된 판매가는 '6,400(1−0.4)=3,840(원)'이 된다.

'판매가−원가'는 '3,840−4,000=−160(원)'이 되므로, 이 물품 하나를 팔 때 160원의 손실이 발생한다.

24 어느 회사에서 신입사원을 채용한 후 전체 신입사원 중 $\frac{1}{5}$은 인사부서, $\frac{1}{4}$은 총무부서, $\frac{1}{2}$의 인원은 연구부서로, 마케팅부서는 100명으로 배치한다고 할 때 전체 신입사원의 수는?(단, 인사, 총무, 연구, 마케팅 4개부서만 있다.)

① 1,200명
② 1,500명
③ 2,000명
④ 2,100명

정답 해설 전체 신입사원 수를 x명이라 하면

$\frac{1}{5}x+\frac{1}{4}x+\frac{1}{2}x+100=x \rightarrow x-(0.2x+0.25x+0.5x)=100 \rightarrow 0.05x=100 \rightarrow x=2000$

따라서 전체 신입사원 인원은 2,000명이다.

25 한 자동차 부품 협력 업체에서 판매하는 두 부품 A와 B의 개당 단가는 각각 2,500원, 3,000원이며 두 부품을 자동차 회사에 납품한다고 할 때, 부품 A는 단가의 10%, 부품 B는 단가의 15%의 이익이 생긴다고 한다. 두 부품을 합하여 모두 40개를 팔고 15,600원의 이익이 생겼다고 할 때 다음 중 부품 A가 팔린 개수를 고르면?

① 12개
② 16개
③ 24개
④ 28개

정답 해설 납품된 부품 A와 B의 개수를 각각 x개, y개라 하면 총 40개가 납품되었으므로

$x+y=40$ … ㉠

총이익이 15,600원이므로

$2,500\times\frac{1}{10}x+3,000\times\frac{15}{100}y=15,600$

$\rightarrow 250x+450y=15,600$

$\rightarrow 5x+9y=312$ … ㉡

㉡−㉠×5를 하면 $4y=112$ $\therefore y=28$

$y=28$을 ㉠에 대입하면 $x=12$개이므로 부품 A는 12개가 팔렸다.

26 아래 표는 기업별 재직 임원의 수를 조사하여 나타낸 것이다. 다음 중 기업 당 평균 재직 임원의 수와 표준편차가 올바르게 짝지어진 것은?

재직 임원 수(명)	기업 수(개)
0 이상 4 미만	9
4 이상 8 미만	1
8 이상 12 미만	3
12 이상 16 미만	5
16이상 20 미만	2
합	20

① 6명, 10
② 7명, 7
③ 8명, 6
④ 10명, 6

정답 해설 구간값이 제시된 경우, 구간의 확정된 계급값을 알 수 없으므로 각 계급의 중간값을 해당 계급값으로 사용한다. 따라서 기업 당 평균 재직 임원의 수는 $(2\times9)+(6\times1)+(10\times3)+(14\times5)+(18\times2)\div20=8$(명)이 된다.

편차＝계급값－평균이므로 평균이 8명일 때 각 계급의 편차는 순서대로 각각 -6, -2, 2, 6, 10이므로 편차의 제곱과 각 계급의 기업 수를 곱하여 합을 구하면 $324+4+12+180+200=720$이고 이를 전체 기업 수 20으로 나눈 값인 분산이 36이므로 표준편차는 36의 제곱근인 6이다.

27 다음은 어느 회사에서 직원을 대상으로 실시한 진급시험의 점수 분포표이다. 다음 표를 참고할 때 평균점수는?

점수	인원(명)	점수	인원(명)
55	9	80	5
60	7	85	4

65	0	90	6
70	6	95	3
75	8	100	2

① 72점　② 74점
③ 76점　④ 78점

70점을 기준으로 각 점수와의 편차를 이용하여 평균을 구하면

$$\frac{(-15\times9)+(-10\times7)+(5\times8)+(10\times5)+(15\times4)+(20\times6)+(25\times3)+(30\times2)}{9+7+0+6+8+5+4+6+3+2}+70$$

$$=\frac{200}{50}+70=74$$

28 다음 나열된 숫자의 공통된 규칙을 찾아 빈칸 (A)에 들어갈 알맞은 숫자는?

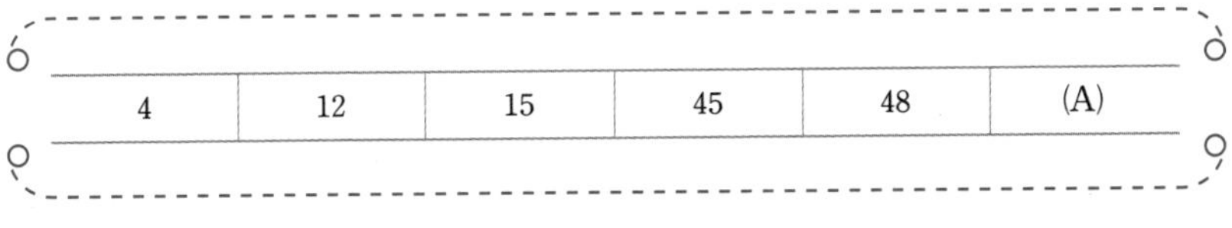

4	12	15	45	48	(A)

① 50　② 124
③ 144　④ 200

나열된 숫자는 ×3과 +3이 반복적으로 증가하는 규칙을 가지고 있으므로 빈칸 (A)에는 48×3=144가 들어가야 한다.

29 다음 공통된 규칙을 찾아 괄호 안에 들어갈 알맞은 수는?

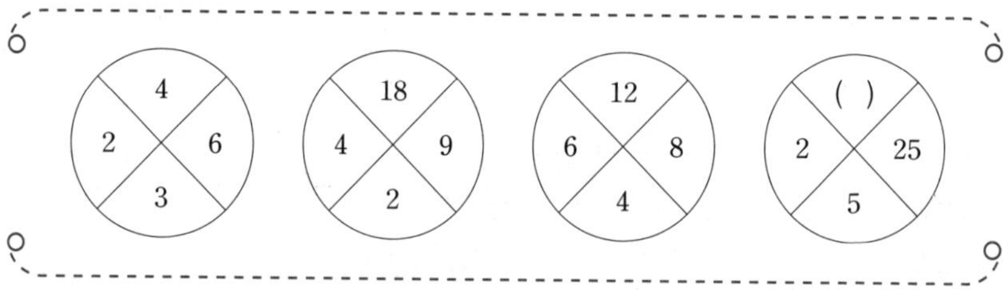

① 4
② 7
③ 10
④ 13

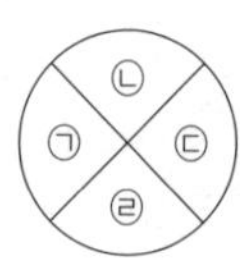

공통된 규칙을 찾아보면 ㉠×㉢=㉡×㉣의 관계를 알 수 있다.
괄호안의 수는 2×25=5×(10), 따라서 10이다.

[30~31] 다음은 A, B, C, D 4개 도시의 2019년도 인구 구성에 관한 내용이다. 이를 참고로 하여 다음 물음에 답하시오.

구분	전체 인구(명)	남성 비율(%)	초등학생 비율(%)
A	500,000	51	10
B	520,000	49	9
C	490,000	45	11
D	400,000	51	7

30 2020년에 A시의 초등학생의 17%가 학교를 졸업하였다. 이 도시의 중학교 진학률을 100%라 할 때, 2020년도에 새로 중학생이 된 학생의 수는?

① 50,000명 ② 12,500명

③ 8,500명 ④ 4,335명

정답해설 A시 전체 인구 중 초등학생 비율은 10%이므로, A시의 초등학생의 수는 '$500,000 \times \frac{10}{100} = 50,000$(명)'이 된다. 이 중 17%가 학교를 졸업하여 100% 중학교에 진학하였으므로 2020년도에 중학생이 된 학생 수는 '$50,000 \times \frac{17}{100} = 8,500$(명)'이다.

31 다음 설명 중 옳은 것은?

① 여성 인구수가 가장 많은 곳은 B시이다.

② A시의 남성 인구수와 D시의 남성 인구수는 같다.

③ 초등학교 여학생의 수가 가장 많은 곳은 C시이다.

④ B시의 초등학생 수가 C시의 초등학생 수보다 적다.

정답해설 B시의 초등학생 수는 '$520,000 \times 0.09 = 46,800$(명)'이며, C시의 초등학생 수는 '$490,000 \times 0.11 = 53,900$(명)'이다. 따라서 B시의 초등학생 수가 C시의 초등학생 수보다 적다.

오답해설 ① 여성 인구의 비율은 전체 인구 비율(100%) 중 남성 인구 비율을 제외한 비율이 된다. 따라서 A시의 여성 수는 '$500,000 \times 0.49 = 245,000$(명)'이며 B시는 '$520,000 \times 0.51 = 265,200$(명)', C시는 '$490,000 \times 0.55 = 269,500$(명)', D시는 '$400,000 \times 0.49 = 196,000$(명)'이므로 여성 인구수는 C시가 가장 많다.

② A시와 D시의 남성 비율은 같으나 총 인구수가 다르므로, 남성의 인구수도 다름을 알 수 있다. A시의 경우 남성 인구수는 '$500,000 \times 0.51 = 255,000$(명)'이며, D시의 남성 인구수는 '$400,000 \times 0.51 = 204,000$(명)'이다.

③ 전체 남녀 성비는 제시되어 있으나 초등학생의 남녀 성비는 제시되지 않았으므로, 초등학생의 남녀 수는 알 수 없다.

정답 29 ③ | 30 ③ | 31 ④

[32~33] 다음 자료는 이동통신 사용자의 회사별 구성비와 향후 회사 이동 성향에 관한 자료이다. 이를 토대로 다음 물음에 알맞은 답을 고르시오.

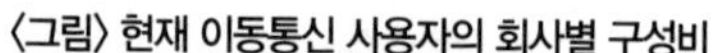
〈그림〉 현재 이동통신 사용자의 회사별 구성비

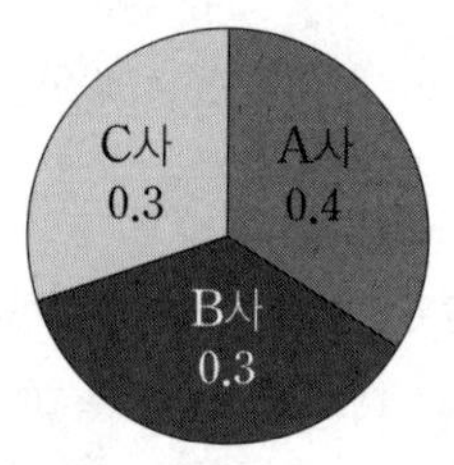

〈표〉 이동통신 사용자의 회사 이동 성향

현재 \ 1년 뒤	A사	B사	C사	합계
A사	80%	10%	10%	100%
B사	10%	70%	20%	100%
C사	40%	10%	50%	100%

※ 시장에 새로 들어오거나 시장에서 나가는 사용자는 없는 것으로 가정함

32 **전체 이동통신 사용자 비율에서 1년 뒤 A사와 B사에서 C사로 이동하게 되는 사용자 비율은 각각 얼마인가?**

① 10%, 20%
② 10%, 6%
③ 4%, 20%
④ 4%, 6%

정답 해설 전체 이동통신 사용자 비율에서 A사는 40%, B사와 C사는 30%씩을 차지하고 있다.
이 중 A사 사용자 구성비 40% 중 10%가 C사로 이동하게 되므로, '$0.4 \times 0.1 \times 100 = 4(\%)$'가 A사에서 C사로 이동하게 된다.
또한 B사 사용자 구성비 30% 중 20%가 C사로 이동하게 되므로, '$0.3 \times 0.2 \times 100 = 6(\%)$'가 B사에서 C사로 이동하게 된다.

33 1년 뒤 B사 사용자 구성비는 얼마로 예상되는가?

① 21%　　② 25%

③ 28%　　④ 30%

정답 해설 1년 뒤 B사의 사용자 구성비는 현재 B사를 사용하는 사람이 계속 사용하게 되는 비율과 다른 이동통신사에서 1년 뒤 B사로 이동하게 될 비율을 합친 것이다. 이를 차례대로 구하면 다음과 같다.

- B → B : 현재 이동통신 사용자의 구성비 중 B사를 사용하는 30% 중에서 1년 뒤에도 B사를 계속 사용하려는 성향의 비율은 70%이므로, 1년 후에도 계속 B사를 사용하게 되는 구성비는 '$0.3 \times 0.7 \times 100 = 21(\%)$'이다.
- A → B : 현재 A사를 사용하는 40%의 사용자 중 1년 뒤 B사를 사용하려고 하는 사람은 10%이므로, 1년 뒤 A사에서 B사로 이동하게 되는 사람은 '$0.4 \times 0.1 \times 100 = 4(\%)$'이다.
- C → B : 위와 마찬가지로 현재 C사를 사용하는 30%의 사용자 중 1년 뒤 B사로 이동하려는 사람은 10%이므로, 1년 뒤 C사에서 B사로 이동하게 되는 사람은 '3%'이다.

따라서 1년 뒤 B사 사용자 구성비는 '$21 + 4 + 3 = 28(\%)$'이다.

34 다음은 2019년 7~12월 기준 월말종가기준 A, B사의 주가와 주가지수에 관한 자료이다. 이에 대한 〈보기〉의 설명으로 옳지 않은 것을 모두 고른 것은?

〈A, B사의 주가와 주가지수〉

구분	주가(원)		주가지수
	A사	B사	
7월	5,000	6,000	100.00
8월	(　　)	(　　)	(　　)
9월	5,700	6,300	109.09
10월	4,500	5,900	94.55
11월	3,900	6,200	91.82
12월	(　　)	5,400	100.00

1DAY 2DAY 3DAY

※ $(\text{주가지수})=\frac{(\text{해당 월 A사의 주가})+(\text{해당 월 B사의 주가})}{(\text{7월 A사의 주가})+(\text{7월 B사의 주가})}\times 100$

※ $(\text{해당 월의 주가 수익률})=\frac{(\text{해당 월의 주가})-(\text{전월의 주가})}{(\text{전월의 주가})}\times 100$

보기

㉠ 9~12월 중 주가지수가 가장 낮은 달의 A사와 B사의 주가는 모두 전월 대비 상승했다.
㉡ A사의 주가는 7월이 12월보다 낮다.
㉢ 8월 A사의 주가가 전월 대비 20% 하락하고 B사의 주기는 전월과 동일했다면 8월의 주가지수는 전월 대비 10% 이상 하락한다.
㉣ 10~12월 중 B사의 주가 수익률이 가장 높은 달에 A사의 주가는 전월 대비 상승했다.

① ㉠, ㉡, ㉢ ② ㉠, ㉢, ㉣
③ ㉡, ㉢ ④ ㉡, ㉢, ㉣

정답 해설

㉠ 7~12월 중 주가지수가 가장 낮은 달은 11월이고 B사의 주가는 전월 대비 하락했지만 A사의 주가는 상승했다.

㉢ 8월 A사의 주가는 전월 대비 20% 하락했으므로 8월 A사의 주가는 $5,000\times(1-0.2)=4,000$원이고 8월 B사의 주가는 전월과 동일하므로 8월 B사의 주가는 6,000원이다. 따라서 8월의 주가지수는 $\frac{4,000+6,000}{5,000+6,000}\times 100 \fallingdotseq 90.91$이고 전월 대비 주가지수 하락률은 $\frac{100-90.91}{100}\times 100=9.09\%$로 2월의 주가지수는 전월 대비 10% 미만 하락했다.

㉣ 10~12월 B사의 주가 수익률을 구하면

- 10월 : $\frac{5,900-6,300}{6,300}\times 100 \fallingdotseq -6.35\%$
- 11월 : $\frac{6,200-5,900}{5,900}\times 100 \fallingdotseq 5.08\%$
- 12월 : $\frac{5,400-6,200}{6,200}\times 100 \fallingdotseq -12.9\%$

여기서 B사의 주가 수익률이 가장 높은 달은 11월이고 11월에서 A사의 주가는 전월 대비 하락했다.

오답 해설

㉡ 12월 A사의 주가를 x라 한다면

$$\frac{x+5,400}{5,000+6,000}\times 100=100 \rightarrow \frac{x+5,400}{5,000+6,000}=1 \rightarrow x+5,400=11,000$$

$\therefore x=5,600$

7월의 주가는 5,000원이고 6월의 주가는 5,600원이므로 A사의 주가는 7월이 12월보다 낮다.

35

한 은행의 수신업무를 담당하고 있는 A는 본사로부터 2020년도 고객서비스 만족도 전수평가를 위해 조사기간동안 내방한 고객들을 대상으로 실시하여 보고하라는 지침을 받았다. A가 상담한 고객을 중심으로 만족도에 대한 응답을 요청하여 얻은 결과는 아래와 같다. 이에 대한 설명 중 옳지 않은 것은?

만족도	응답자수(명)	비율(%)
매우 만족	㉠	22%
만족	60	㉡
보통	㉢	㉣
불만족	28	14%
매우 불만족	㉤	3%
합계	200	100%

① 매우 만족을 나타내는 응답자수는 보통을 응답한 수의 절반 이상이다.

② ㉡의 비율은 ㉣의 비율보다 조금 높은 수준이다.

③ 매우 불만족을 응답한 고객의 수는 6명이다.

④ 은행에 내방한 고객 중 200명을 대상으로 만족도를 조사하였다.

정답해설

만족도	응답자수(명)	비율(%)
매우 만족	㉠(44)	22%
만족	60	㉡(30%)
보통	㉢(62)	㉣(31%)
불만족	28	14%
매우 불만족	㉤(6)	3%
합계	200	100%

㉡의 비율은 $\frac{60}{200} \times 100 = 30\%$이고 ㉣의 비율은 $100 - 69 = 31\%$이므로 ㉣의 비율이 조금 더 높다.

① 매우 만족을 나타내는 응답자 수는 44명이므로, 보통을 나타낸 응답자수는 62명의 절반 이상이 된다.

③ 매우 불만족의 비율은 3%이므로, $200 \times 0.03 = 6$(명)이 매우 불만족으로 응답하였다.

④ 조사 대상자 수는 모두 200명이다.

[36~37] 다음은 같은 가격의 동종 전자제품 A, B, C의 사용 연수와 제품 가치의 상관관계를 나타낸 것이다. 제품의 가치에 따라 가격이 결정되며, 구입 시의 제품 가치를 100%라 가정할 때, 다음 물음에 적절한 답을 고르시오.

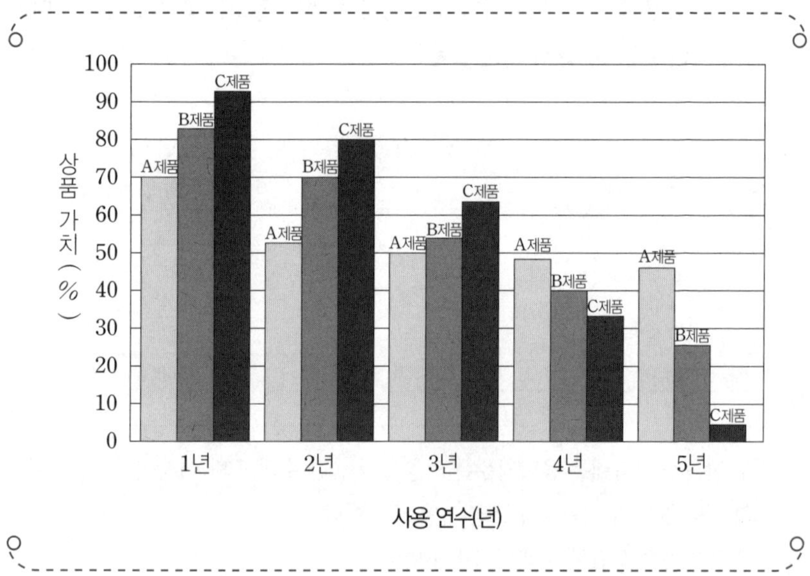

36 **구입한지 4년 된 제품 A, B, C를 중고품 시장에 되팔 때 가장 높은 가격을 받게 되는 제품과 가장 낮은 가격을 받게 되는 제품을 순서대로 바르게 짝지은 것은? (다른 조건은 동일한 것으로 간주한다.)**

① A, B
② A, C
③ B, A
④ B, C

정답 해설 구입 가격이 같은 동종의 제품이며 다른 조건은 동일하다고 가정하였으므로, 중고품 시장에 판매할 당시의 상품 가치에 따라 가격의 높고 낮음이 결정된다. 따라서 제시된 도표에서 사용 연수가 4년일 때의 상품 가치가 가장 높은 A제품의 판매 가격이 가장 높고, C제품의 가격이 가장 낮다.

37 다음 설명 중 옳지 않은 것은?

① A제품은 제품 구입 직후의 중고품 가격이 가장 낮다.

② 3년마다 새로 제품을 구입한다고 할 때는 C제품을 구매하는 것이 가장 유리하다.

③ B제품은 A제품과 C제품보다 장기 사용에 더 유리하다.

④ 구입 후 4년째 되파는 경우 A, B, C 제품 모두 구입가의 절반을 받지 못할 것이다.

정답 해설 4년 이후의 상품 가치가 가장 높은 제품은 A제품이다. 따라서 장기 사용에 가장 유리한 제품은 A제품이다. 따라서 ③은 옳지 않다.

오답 해설 ① A제품은 구입 1년 후 상품 가치가 가장 낮은 제품이므로, 구입 직후 중고품 가격도 가장 낮다고 할 수 있다.

② 3년째 상품 가치가 가장 높은 것은 C제품이므로 가장 높은 중고품 가격으로 되팔 수 있다. 따라서 3년마다 새로 제품을 구입하는 경우 C제품을 구입하는 것이 가장 유리하다.

④ 사용 연수가 4년인 경우 A, B, C제품 모두 상품 가치가 50% 이하이므로, 되파는 경우 모두 구입가의 절반을 받지 못할 것이다.

38 다음은 2019년 '갑'국의 자동차 매출에 관한 자료이다. 이에 대한 설명으로 옳은 것은?

〈표〉 2019년 10월 월매출액 상위 10개 자동차의 매출 현황

(단위 : 억 원, %)

순위	자동차	월매출액		
			시장점유율	전월대비 증가율
1	A	1,139	34.3	60
2	B	1,097	33.0	40
3	C	285	8.6	50
4	D	196	5.9	50
5	E	154	4.6	40
6	F	149	4.5	20

7	G	138	4.2	50
8	H	40	1.2	30
9	I	30	0.9	150
10	J	27	0.8	40

※ 시장점유율(%)$=\frac{\text{해당 자동차 월 매출액}}{\text{전체 자동차 월 매출총액}}\times 100$

〈그림〉 2019년 I 자동차 누적매출액

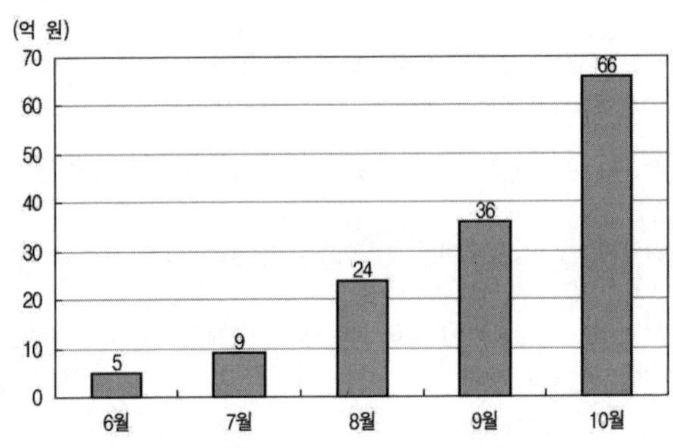

※ 월매출액은 해당 월 말에 집계됨.

① 2019년 10월 매출액 상위 5개 자동차의 순위는 전월과 동일하다.

② 2019년 6월부터 9월 중 I 자동차의 매출액이 가장 큰 달은 9월이다.

③ 2019년 10월 '갑'국의 전체 자동차 매출액 총액은 4,000억 원 이상이다.

④ 2019년 10월 매출액 1~3위 자동차의 10월 매출액 기준 시장점유율은 4~6위 자동차의 시장점유율의 5배 이상이다.

정답해설 2019년 10월 매출액 1~3위 자동차의 매출액 기준 시장점유율은 '34.3+33.0+8.6=75.9%'이며, 4~6위 자동차의 시장점유율은 '5.9+4.6+4.5=15%'이다. 전자는 후자의 '5.06배'이므로, 5배 이상이 된다. 따라서 ④는 옳은 설명이다.

오답해설 ① B 자동차의 9월 매출액을 구하면 '$\frac{1,097}{1.4}$≒784억 원'이 된다. 9월 매출액 순위는 B가 A보다 높으므로, 10월 매출액 상위 5개 자동차의 순위는 전월과 동일하지 않다.

② 2019년 I 자동차의 월 매출액은 8월의 경우 '24－9＝15억 원'이며, 9월의 경우 '36－24＝12억 원'이 된다. 따라서 6월부터 9월 중 I 자동차의 월 매출액이 가장 큰 달은 8월이 된다.

③ '시장점유율(%)＝$\frac{\text{해당 자동차 월 매출액}}{\text{전체 자동차 월 매출총액}}\times 100$'이므로, '전체 자동차 월 매출 총액 ＝$\frac{\text{해당 자동차 월 매출액}}{\text{시장 점유율}}\times 100$'이 된다. I 자동차의 월 매출액과 시장점유율을 통해 10월 전체 자동차 매출액 총액을 구하면 '$\frac{30}{0.9}\times 100 ≒ 3,333$억 원'이 되므로, 4,000억 원 이하가 된다.

[39~40] 다음은 한 국가의 주요 범죄 발생건수 및 검거건수에 대한 자료이다. 물음에 알맞은 답을 고르시오.

〈표 1〉 2016~2020년 4대 범죄 발생건수 및 검거건수

(단위 : 건, 천 명)

구분 연도	발생건수	검거건수	총인구	인구 10만 명당 발생건수
2016	15,693	14,492	49,194	31.9
2017	18,258	16,125	49,346	(㉠)
2018	19,498	16,404	49,740	39.2
2019	19,670	16,630	50,051	39.3
2020	22,310	19,774	50,248	44.4

〈표 2〉 2020년 4대 범죄 유형별 발생건수 및 검거건수

(단위 : 건)

구분 범죄 유형	발생건수	검거건수
강도	5,753	5,481
상해	132	122
절도	14,778	12,525
방화	1,647	1,646
계	22,310	19,774

39 다음 중 〈표 1〉의 빈칸 ㉠에 들어갈 수치로 가장 알맞은 것은? (단, 소수점 아래 첫째 자리에서 반올림한다.)

① 35건 ② 36건

③ 37건 ④ 38건

정답해설 연도별 인구 10만 명당 범죄 발생건수는 '$\frac{\text{범죄 발생건수} \times 100,000}{\text{총 인구 수}}$'이므로, 2017년 인구 10만 명당 범죄 발생건수는 '$\frac{18,258 \times 100,000}{49,346,000} \fallingdotseq 37$건'이 된다.

40 다음 〈보기〉의 설명 중 옳지 <u>않은</u> 것을 모두 고르면?

보기

㉠ 2017년 이후, 전년대비 4대 범죄 발생건수 증가율이 가장 낮은 연도와 전년대비 4대 범죄 검거건수 증가율이 가장 낮은 연도는 동일하다.

㉡ 2020년 발생건수 대비 검거건수 비율이 가장 낮은 범죄 유형은 '상해'이다.

㉢ 2017년 강도와 살인 발생건수의 합이 4대 범죄 발생건수에서 차지하는 비율은 2020년 강도와 상해 검거건수의 합이 4대 범죄 검거건수에서 차지하는 비율보다 높다.

㉣ 4대 범죄의 발생건수와 검거건수는 매년 증가하고 있다.

① ㉠, ㉡ ② ㉠, ㉣

③ ㉡, ㉢ ④ ㉡, ㉣

㉡ 2020년 4대 범죄의 발생건수와 검거건수를 비교할 때, 발생건수 대비 검거건수 비율이 낮은 범죄 유형은 '상해'와 '절도'이다. 상해의 경우 발생건수 대비 검거건수 비율이 '$\frac{122}{132} \times 100 \fallingdotseq 92.4\%$'이며, 절도의 경우 '$\frac{12,525}{14,778} \times 100 \fallingdotseq 84.8\%$'이므로, '절도'가 2020년 발생건수 대비 검거건수 비율이 가장 낮은 범죄 유형이다. 따라서 ㉡은 옳지 않다.

㉢ 2017년 강도와 상해 발생건수의 합이 4대 범죄 발생건수에서 차지하는 비율은 '$\frac{(5,753+132)}{22,310}$

≒26.4%'이며, 2020년 강도와 상해 검거건수의 합이 4대 범죄 검거건수에서 차지하는 비율은 '$\frac{(5,481+122)}{19,774}\times 100 ≒ 28.3\%$'이 된다. 따라서 전자는 후자보다 낮으므로, ⓒ은 옳지 않다.

오답 해설 ㉠ 인구 10만 명당 발생건수 증가율을 참고로 할 때, 전년대비 4대 범죄 발생건수 증가율이 가장 낮은 연도는 2019년이다. 전년대비 4대 범죄 검거건수 증가율의 경우도 2019년이 '$\frac{(16,630-16,404)}{16,404}\times 100 ≒ 1.4\%$'로 가장 낮다.

㉣ 〈표 1〉을 통해 매년 4대 범죄의 발생건수와 검거건수가 증가하고 있음을 알 수 있다.

41 다음 3가지의 논리적 오류에 해당하지 않는 현실 속 사례는?

- 권위에 호소하는 오류 : 논지와 관련 없는 권위자의 견해를 신뢰하여 발생하는 오류
- 인신공격의 오류 : 주장이나 반박을 할 때 관련된 내용을 근거로 제시하지 않고 성격이나 지적 수준, 사상 등과 같이 주장과 무관한 내용을 근거로 사용할 때 발생하는 오류
- 대중에 호소하는 오류 : 많은 사람들이 생각하거나 선택했다는 이유로 자신의 결론이 옳다고 주장할 때 발생하는 오류

① 어느 회사에서 자신들의 전자제품을 판매할 때 전국 소비자의 90%가 사용하고 있다는 최근 조사 결과를 통해 자사 제품의 성능이 매우 뛰어나는 것을 알 수 있으니 자사의 제품들을 구매해 달라고 홍보했다.

② 회사 총무부의 다음해 예산안 계획을 회사 내에서 가장 서열이 높은 인사부 박 부장에게 결정해달라고 요청했다.

③ 회사의 효도상품을 해외로 진출시키기 위해 일본의 예법을 주제로 한 자료를 보고 대부분의 일본인들은 예의가 바르다고 판단하였으므로 일본 시장에 가장 먼저 진출하기로 결정했다.

④ 김 사원은 평소 조심성이 없기로 유명하였으므로 이번에 그가 제시한 기획서 내용도 잘못되었다고 판단했다.

정답 해설 ③번의 사례는 제한된 근거로만 결론을 도출하는 '성급한 일반화의 오류'의 사례이다.

오답해설 ① 소비자의 90%가 사용하고 있다는 점과 전자제품의 성능은 논리적으로 연결되지 않으므로 '대중에 호소하는 오류'이다.

② 총무부와 무관한 인사부 박 부장의 견해를 서열이 가장 높다는 이유로 신뢰하여 발생한 오류라 볼 수 있으므로 '권위에 호소하는 오류'에 해당한다.

④ 기획서 내용을 반박하면서 이와 무관한 김 사원의 성격을 근거로 사용하여 발생하였으므로 '인신공격의 오류'이다.

42 다음 중 문제해결을 하기 위한 기본요소로 옳지 않은 것은?

① 체계적인 교육훈련

② 문제 해결 방법에 대한 다양한 지식

③ 문제해결자의 지인 도움

④ 문제해결자의 도전의식과 끈기

정답해설 문제해결의 기본요소에는 체계적인 교육훈련, 문제해결 방법에 대한 다양한 지식, 문제 관련 지식에 대한 가용성, 문제해결자의 도전의식과 끈기, 문제에 대한 체계적인 접근이다.

43 다음 중 문제의 유형에 대한 설명으로 옳은 것은?

① 제조 문제, 판매 문제, 자금 문제 등은 탐색에 따른 문제 유형이다.

② 앞으로 어떻게 할 것인가 하는 문제는 탐색형 문제이다.

③ 시간에 따른 문제 유형에는 과거, 현재, 미래 문제가 있다.

④ 현재 직면하여 해결하기 위해 고민하는 문제는 설정형 문제이다.

정답해설 시간에 따른 문제 유형에는 과거, 현재, 미래 문제가 있다.

오답해설 ① 제조 문제, 판매 문제, 자금 문제, 인사 문제, 경리 문제 등은 기능에 따른 문제 유형에 포함된다.

② 미래상황에 대응하는 장래의 경영전략의 문제로, 앞으로 어떻게 할 것인가 하는 문제는 설정형 문제이다.

④ 현재 직면하여 해결하기 위해 고민하는 문제는 발생형 문제이다.

44 다음은 창의적 문제와 분석적 문제에 대한 설명이다. 다음 〈보기〉에서 분석적 문제에 대한 진술인 것을 모두 고르면?

보기

㉠ 현재 문제가 없더라도 보다 나은 방법을 찾기 위한 문제
㉡ 분석, 논리, 귀납과 같은 방법을 사용하여 해결하는 문제
㉢ 정답의 수가 적으며, 한정되어 있는 문제
㉣ 주관적, 직관적, 감각적 특징에 의존하는 문제

① ㉠, ㉢
② ㉠, ㉣
③ ㉡, ㉢
④ ㉡, ㉣

1DAY 2DAY 3DAY

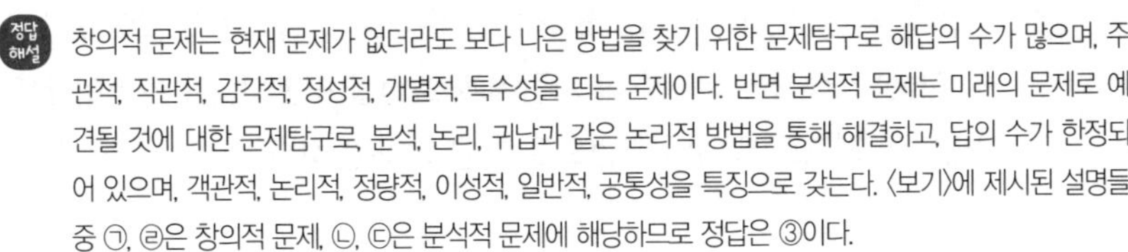

정답해설 창의적 문제는 현재 문제가 없더라도 보다 나은 방법을 찾기 위한 문제탐구로 해답의 수가 많으며, 주관적, 직관적, 감각적, 정성적, 개별적, 특수성을 띄는 문제이다. 반면 분석적 문제는 미래의 문제로 예견될 것에 대한 문제탐구로, 분석, 논리, 귀납과 같은 논리적 방법을 통해 해결하고, 답의 수가 한정되어 있으며, 객관적, 논리적, 정량적, 이성적, 일반적, 공통성을 특징으로 갖는다. 〈보기〉에 제시된 설명들 중 ㉠, ㉣은 창의적 문제, ㉡, ㉢은 분석적 문제에 해당하므로 정답은 ③이다.

45 다음과 같은 상황이 발생하였을 때, "so what?"을 사용하여 논리적인 사고를 하지 <u>않은</u> 사람은?

〈상황〉
㉠ 우리 회사의 자동차 판매대수가 사상 처음으로 전년 대비 마이너스를 기록했다.
㉡ 우리나라의 자동차 업계 전체는 일제히 적자 결산을 발표했다.
㉢ 주식 시장은 몇 주간 조금씩 하락하는 상황에 있다.

① 정 대리 : 자동차 판매의 부진이네. 주식시장도 나빠지겠는데?
② 황 부장 : 주식시장의 지금 상황은 자동차 산업의 미래를 보여주고 있어.
③ 안 차장 : 자동차 산업과 주식시장의 현실을 보여주고 있어.
④ 문 전무 : 지금이야말로 자동차 관련 기업의 주식을 사야해.

정답 해설 안 차장은 자동차 산업과 주식시장의 현실을 보여주고 있다며 주식시장에 대해서도 포함하고 있으며, 세 가지 상황 모두 자동차 산업의 가까운 미래를 예측하는데 사용될 수 있는 정보이기 때문에 모순은 없다. 그러나 자동차 산업과 주식시장이 어떻게 된다고 말하고 싶은 것이 전달되지 않는다.

오답 해설
① 정 대리는 자동차 판매가 부진하다고 말하는 동시에 ⓛ, ⓒ에 제시된 자동차 판매 대수 감소와 자동차 업계의 전체적인 실적 악화로 인해 주식 시장도 악화되고 있다는 점까지 말하고 있다.
② 황 부장은 상황 ⓒ의 주식시장이 하락하는 상황을 고려하면서 자동차 산업의 미래를 예상하고 있다.
④ 문 전무는 지금이야말로 자동차 관련 기업의 주식을 사야한다는 메시지가 있어 주장이 명확하며, 상황을 모두 망라하고 있어 "so what?"을 사용하였다고 말할 수 있다.

46 **다음은 사건 A, B, C, D, E가 어떤 순서로 일어났는지 알아보기 위해 다음의 갑, 을, 병, 정 네 사람에게 조언을 구했다. 이 조언이 참이라면, 네 번째로 일어난 사건으로 가장 알맞은 것은?**

> 갑 : "A는 B와 E(또는 E와 B) 사이에 일어났다."
> 을 : "C는 A와 D(또는 D와 A) 사이에 일어났다."
> 병 : "D가 가장 먼저 일어났다."
> 정 : "A와 C는 연이어 일어나지 않았다."

① A　② B
③ D　④ E

정답 해설 병의 조언을 통해 D가 가장 먼저 일어났다는 사실을 알 수 있다. 다음으로 갑의 조언에서 'B－A－E' 또는 'E－A－B'의 순서가 되며, 을의 조언에서 'A－C－D' 또는 'D－C－A'의 순서가 된다는 것을 알 수 있다. 그런데 D가 가장 먼저 일어났다는 것은 참이므로, 을의 조언에서 'D－C－A'의 순서만 참이 된다. 정의 조언에 따라 A와 C는 연이어 일어나지 않았으므로, D－C－A에 갑의 조언을 연결시키면 'D－C－B－A－E' 또는 'D－C－E－A－B'가 참이 된다는 것을 알 수 있다. 따라서 어떤 경우이든 네 번째로 일어난 사건은 'A'가 된다.

[47~48] 다음은 A씨가 1~8월간 사용한 지출 내역이다. 자료를 보고 이어지는 질문에 답하시오.

〈1~8월 지출 내역〉

종류	내역
신용카드	2,500,000원
체크카드	3,500,000원
현금영수증	—

※ 연봉의 25%를 초과한 금액에 한해 신용카드 15% 및 현금영수증, 체크카드 30% 공제

※ 공제는 초과한 금액에 대해 공제율이 높은 종류를 우선 적용

47 A씨의 연봉 예상 금액이 35,000,000원일 때 연말정산에 대비하기 위한 전략 또는 위의 자료에 대한 설명으로 적절한 것은?

① 신용카드의 사용금액이 연봉의 15%, 체크카드는 30%를 넘어야 공제가 가능하다.

② 2,750,000원보다 적게 사용해야 소득공제가 가능하다.

③ 만약 체크카드를 5,000,000원 더 사용한다면, 2,250,000원이 소득공제금액에 포함되고 공제액은 675,000원이다.

④ 신용카드 사용금액이 더 적기 때문에 체크카드보다 신용카드를 많이 사용하는 것이 공제에 유리하다.

정답 해설 사용한 금액 5,000,000원에서 더 사용해야 하는 금액 2,750,000원을 뺀 2,250,000원이 공제대상금액이 되며 이는 체크카드 사용금액 내에 포함되므로 공제율 30%를 적용한 소득공제금액은 675,000원이다.

오답 해설 ① 15%와 30%는 신용카드와 현금영수증 및 체크카드의 각각 공제율이고 신용카드와 체크카드는 둘 다 사용금액이 연봉의 25%를 넘어야 공제가 가능하다.

② 연봉의 25%를 초과 사용한 범위가 공제대상에 해당되는데 연봉 35,000,000원의 25%는 8,750,000원이므로 현재까지의 사용금액 6,000,000원에서 2,750,000원보다 더 많이 사용해야

초과한 금액을 공제받을 수 있다.

④ 신용카드의 공제율은 15%, 체크카드의 공제율은 30%이기 때문에 공제받을 금액은 체크카드를 사용했을 때 더 유리하게 적용된다.

48 **A씨는 8월 이후로 신용카드를 4,000,000원 더 사용했고 현금영수증 금액을 확인해보니 5,000,000원이었으며 연봉이 40,000,000원으로 상승하였다. 아래의 표를 적용하여 신용카드, 현금영수증 등 소득공제 금액에 대한 세금을 구하면?**

과표	세율
연봉 1,200만 원 이하	6%
연봉 4,600만 원 이하	15%
연봉 8,800만 원 이하	24%
연봉 15,000만 원 이하	35%
연봉 15,000만 원 초과	38%

① 90,000원
② 225,000원
③ 247,500원
④ 450,000원

정답 해설 기존 1~8월 지출 내역에 8월 이후 지출 내역을 합산하여 지출 총액과 소득공제 재상 금액을 계산하면 다음과 같다.

- **지출 총액** : 2,500,000+3,500,000+4,000,000+5,000,000=15,000,000원
- **소득공제 대상 금액** : 15,000,000−(40,000,000×0.25)=5,000,000원

이때, 공제 대상 금액 5,000,000원은 현금영수증 사용금액 내에 포함되므로 공제율 30%를 적용하고, 표에 따른 세금을 적용하면 다음과 같다.

- **소득공제금액** : 5,000,000×0.3=1,500,000원
- **세금** : 1,500,000×0.15=225,000원

따라서 A씨의 소득공제 금액에 대한 세금은 225,000원이다.

49 다음은 어느 기업의 신입사원 선발기준에 대한 내용이다. 이 기업의 선발기준에 따를 때, '갑'이 받게 될 총점은?

㉠ 총점은 1,000점을 만점으로 한다.

㉡ 총점의 구성 비율은 학업성적 40%, 직무적성시험 50%, 면접점수 10%로 한다.

㉢ 학업성적은 9개 등급으로 나누며, 1등급은 만점을 부여하고 등급이 하나씩 내려갈 때마다 학업성적 만점의 5%를 감점한다.

㉣ 직무적성시험의 성적은 10개 등급으로 구분하며, 1등급은 만점을 부여하고 등급이 하나씩 내려갈 때마다 직무적성시험 만점의 10%를 감점한다.

㉤ 면접점수는 결시자를 0점으로 하며, A자격 보유자에게는 면접 점수의 20%를 가산하되 가산점이 포함된 면접점수가 100점을 초과할 경우 100점으로 한다.

〈'갑'의 성적〉

- 학업성적 : 4등급
- 직무적성시험성적 : 3등급
- 면접점수 : 85점
- 자격 보유 : A자격증 보유

① 770점 ② 772점

③ 815점 ④ 840점

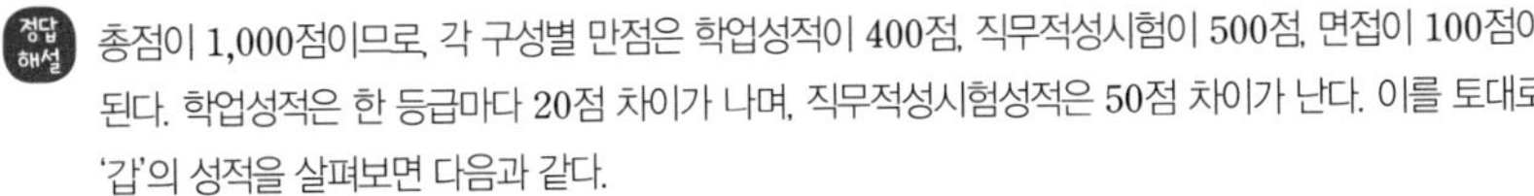

정답해설 총점이 1,000점이므로, 각 구성별 만점은 학업성적이 400점, 직무적성시험이 500점, 면접이 100점이 된다. 학업성적은 한 등급마다 20점 차이가 나며, 직무적성시험성적은 50점 차이가 난다. 이를 토대로 '갑'의 성적을 살펴보면 다음과 같다.

- 학업성적 : 340점
- 직무적성시험성적 : 400점
- 면접점수 : 85점+(85점×0.2)=102점 → 100점이 초과되므로 100점으로 함

따라서 '갑'의 총점은 840점이 된다.

50 다음은 5개 국가가 어떤 국제기구에 납부한 최근 4년간의 자발적 분담금 현황을 나타낸 것이다. 〈보기〉의 설명에 비추어 볼 때, 다음 〈표〉의 A, B, C, D, E에 해당하는 국가를 바르게 나열한 것은?

〈표1〉 국가별 자발적 분담금 총액

(단위 : 백만 달러)

국명	국가별 자발적 분담금			
	2017년	2018년	2019년	2020년
A	500	512	566	664
B	422	507	527	617
C	314	401	491	566
D	379	388	381	425
E	370	374	392	412

〈표2〉 각국의 1인당 자발적 분담금

(단위 : 달러)

국명	1인당 자발적 분담금			
	2017년	2018년	2019년	2020년
A	119	143	158	196
B	46	55	56	78
C	251	277	282	290
D	137	150	189	205
E	35	41	43	47

보기

㉠ 스웨덴과 이탈리아는 국가별 자발적 분담금 총액의 증가액이 다른 국가들에 비해 낮다.

㉡ 노르웨이와 영국은 2017년 대비 2018년 국가별 자발적 분담금 총액의 증가율이 다른 국가들에 비해 높다.

㉢ 노르웨이와 스웨덴에 살고 있는 1인당 자발적 분담금은 다른 국가들에 비해 크다.

	A	B	C	D	E
①	스페인	영국	노르웨이	스웨덴	이탈리아
②	영국	이탈리아	노르웨이	스웨덴	스페인
③	스페인	노르웨이	영국	스웨덴	이탈리아
④	영국	스페인	노르웨이	스웨덴	이탈리아

정답 해설 ㉠에서 스웨덴과 이탈리아의 국가별 자발적 분담금 총액 증가액이 다른 국가들에 비해 낮다고 했으므로, 〈표1〉에 따라 스웨덴과 이탈리아는 D 또는 E국 중의 하나가 된다.

㉡에서 노르웨이와 영국은 2017년 대비 2018년 국가별 자발적 분담금 총액 증가율이 다른 국가들에 비해 높다고 했으므로, 노르웨이와 영국은 B 또는 C국 중의 하나가 된다.

㉢에서 노르웨이와 스웨덴의 1인당 자발적 분담금은 다른 국가들에 비해 크다고 했으므로, 노르웨이와 스웨덴은 C 또는 D국 중의 하나가 된다.

위의 결과를 종합하면, C국은 노르웨이, D국은 스웨덴, B국은 영국, E국은 이탈리아가 되며, 나머지 A국은 스페인이 되므로, ①이 적절하다.

[51~52] 어느 공장에서 다음과 같이 교대제 변화에 따른 근로시간의 변화 패턴을 시뮬레이션하고 있다. 시뮬레이션 표를 확인한 후 이어지는 물음에 답하시오.

항목	2조 2교대		3조 3교대		3.5조 3교대		4조 3교대	
	근무시간	초과 근무시간	근무시간	초과 근무시간	근무시간	초과 근무시간	근무시간	초과 근무시간
주간	53	13	47.7	7.7	44.3	4.3	42	2
월간	229.9	56.3	195.8	33.5	192.4	18.8	182.3	8.7
연간	2,758.8	675.6	2,349.6	402.6	2,308.8	225.5	2,187.4	104.2

51 현재 공장이 2조 2교대 근무를 하고 있다는 가정 하에 3.5조 3교대 근무로 전환을 계획할 때 근무시간의 월간 변화는?

① 34.1
② 37.5
③ 450
④ 210

정답해설 2조 2교대의 월간 근무시간은 229.9시간이고 3.5조 3교대로 전환할 때 근무시간은 192.4시간이다. 229.9－192.4＝37.5시간이므로 정답은 ②번이다.

52 위 시뮬레이션에 대한 직원들의 반응으로 적절하지 않은 것은?

① 교대제가 변화하면서 근로시간이 단축되는 효과가 있구나.
② 근로시간이 단축되더라도 임금 하락에 대한 염려는 없을 거야.
③ 줄어드는 근로시간만큼 긍정적인 멤버십을 예상할 수 있겠네.
④ 3.5조 3교대로 전환하면 근무 인원이 더 늘겠군.

정답해설 근로시간이 단축되면 이로 인한 임금하락의 우려가 있으므로 구멍 난 임금을 채워 주는 통상임금을 통해 근무환경을 개선하려는 노력이 필요하다.

53 다음은 신입사원 채용지침과 지원자의 성적이다. 이에 따라 선발될 수 있는 사람(들)은?

〈신입사원 채용지침〉

ㄱ. 모든 조건에 우선하여 어학 성적이 90점 이상인 어학 우수자를 최소한 한 명은 선발해야 한다.
ㄴ. 최대 3명까지만 선발할 수 있다.
ㄷ. A를 선발할 경우 D를 같이 선발해야 한다.
ㄹ. A를 선발할 수 없는 경우 C도 F도 선발할 수 없다.
ㅁ. D를 선발할 경우 B를 선발해야 하지만 C는 선발할 수 없다.

ㅂ. B를 선발하면 F를 선발해야 한다.
ㅅ. 합격한 사람이 불합격한 사람보다 학업 성적이 나쁘면 안 된다.
ㅇ. 어느 점수든 70점 미만이 있으면 선발할 수 없다.

〈표〉 지원자의 성적

(단위 : 점)

지원자	어학 성적	학업 성적	인적성
A	95	90	80
B	80	90	75
C	80	80	75
D	70	95	75
E	95	95	90
F	85	90	70
G	85	85	65

① B, F ② E
③ A, B, C ④ C, G, E

먼저 G는 조건 ㅇ에 의해 인적성 점수가 70점 미만이므로 선발 대상에서 제외된다.
조건 ㄱ에 의해 A 또는 E 중 적어도 한 명은 반드시 선발해야 한다. 따라서 경우의 수는 A만 선발하는 경우, E만 선발하는 경우, A, E모두 선발하는 경우가 있다.

- A만 선발하는 경우
  조건 ㄷ, ㅁ, ㅂ에 의해 D, B, F를 선발해야 하지만 이렇게 되면 조건 ㅁ에 어긋난다. 그리고 이 경우 불합격자의 학업 성적이 합격자보다 높은 경우가 발생하여 조건 ㅅ에도 어긋난다. 따라서 A가 선발되는 경우는 없어야 한다.
  A가 선발되는 경우가 없어야 한다는 것은 또한 A와 E 모두 선발하는 경우도 고려할 필요가 없으므로 E만 선발되는 경우만 구하면 된다.
- E만 선발되는 경우
  조건 ㄹ에 의해 A, C, F는 모두 선발 대상에서 제외된다. 조건 ㅂ에서 B를 선발하는 경우에는 반드시 F를 함께 선발해야 하지만 이미 F는 선발 대상에서 제외되었으므로 B도 선발할 수 없다. 마찬가지로 조건 ㅁ에서 D도 선발 대상에서 제외된다. 따라서 E만 선발될 수 있다.
  따라서 신입사원으로 선발될 수 있는 사람은 E뿐이다.

54 다음 글에 나타난 원리를 적절히 응용한 정책을 〈보기〉에서 모두 고른 것은?

(가) 사람들은 과거에 행동해 온 것과 일관되게 혹은 일관되게 보이도록 행동하는 거의 맹목적인 욕구를 가지고 있다. 즉 사람들은 어떤 선택을 하거나 입장을 취할 때, 차후에도 그러한 선택이나 입장과 일치하게 행동해야 한다는 심리적 부담감을 느끼게 된다. 따라서 그러한 부담감은 사람들로 하여금 일관된 사고와 행위를 유지하게 만들고 있다.

(나) 다른 사람들의 행동에 따라 어떤 행동이 옳은 것인가를 결정하는 우리의 성향은 다양한 상황에서 나타나고 있다. 예를 들면, 칵테일 바의 바텐더들은 영업 시작 전에 팁을 담는 유리병에 미리 1달러짜리 지폐 몇 장을 넣어둔다. 이렇게 바텐더에게 팁을 남기는 것이 적절한 행동이라는 인상을 손님에게 의도적으로 주입시켜 적지 않은 수입을 올리고 있다. 또한 디스코가 한참 유행일 때, 어떤 디스코 클럽의 주인은 안에 자리가 충분히 남아 있음에도 불구하고 사람들을 의도적으로 밖에서 기다리게 하여 그 클럽이 인기 있음을 암암리에 광고하였다.

보기

㉠ 청소년들의 흡연율을 감소시키기 위해 흡연학생이 금연을 결심하면 그 사실을 담임교사가 다른 흡연학생들에게 알리면서 금연을 독려하는 정책

㉡ 지방선거의 투표참가를 독려하고자 투표참여성향이 높았던 유권자들을 대상으로 과거 투표참여에 대한 감사의 글을 포함한 홍보물을 우송하는 정책

㉢ A도시에 방사능폐기물처리장을 건립하기 위해 장관이 친필 서명한 협조 편지를 A도시의 모든 주민들에게 발송하는 정책

㉣ 기부금 조성 증대를 위해 자선 기부금을 모집하는 TV 프로그램 방송 시 기부금을 약속한 사람들의 명단 및 숫자를 방송 도중 끊임없이 제공하는 정책

① ㉠, ㉣　　② ㉡, ㉢

③ ㉠, ㉡, ㉣　　④ ㉡, ㉢, ㉣

제시문 (가)는 과거의 행동과 일관된 행동을 하려는 사람들의 성향에 대해 언급하고 있으며, (나)는 다른 사람의 행동에 따라가려는 사람들의 성향에 대해 언급하고 있다. 이를 토대로 〈보기〉의 내용을 검토해 보면 다음과 같다.

㉠ 흡연학생이 금연을 결심한 사실을 다른 흡연학생에게 알려 금연에 동참하도록 하는 것은 (나)의 원리를 응용한 것이다.

㉡ 유권자들에게 과거 투표 참여에 대한 감사를 표현함으로써 투표 참여를 계속하도록 유도하는 것은 (가)의 원리를 응용한 것이라 할 수 있다.

㉣ 기부자의 명단이나 숫자를 계속 보여줌으로써 다른 사람들도 기부에 참여하도록 유도하는 것이므로, (나)의 원리를 응용한 것이다.

㉢ 장관이 친필 서명한 협조 편지를 주민들에게 발송하는 것만으로는 (가)와 (나)의 원리를 응용한 것으로 볼 수 없다. 만일, 장관이 전에 그 정책 또는 유사한 정책을 지지했던 사람에게 편지를 보낸다면 (가)의 원리를 응용한 것이 되며, 다른 많은 사람들이 정책을 지지하는 것을 알려준다면 (나)를 응용한 것으로 볼 수 있을 것이다.

[55~56] 다음은 한 프린터 회사의 제품 시리얼 넘버 생성표이다. 프린터의 '종류, 모델, 색상, 생산 공장, 생산 넘버' 순으로 각각의 코드를 연결하여 시리얼 넘버를 생성한다고 할 때, 다음 물음에 알맞은 답을 고르시오.

〈시리얼 넘버 생성표〉

종류		모델		색상		생산 공장		생산 넘버
코드	명칭	코드	명칭	코드	색상	코드	지역	
L	레이저	T1	토닉	BK	검은색	010	양천구	생산된 순서대로 00001~99999까지 차례로 번호가 부여됨
		W1	윈트밀	SI	은 색	011	강서구	
		T2	트윈젯	WH	흰 색	012	영등포구	
I	잉크젯	M1	모건	OR	주황색	013	김포	
		B1	베이커	RD	빨간색			
		E1	엑스젯	YE	노란색			
C	복합기	Z1	제트					
		B2	브릭스					
		E2	이지젯					

※ 예를 들어, 양천구 공장에서 첫 번째로 생산된 검은색 레이저 토닉 프린터의 제품 시리얼 넘버는 "L-T1-BK-010-00001"이 됨

55 다음 중 시리얼 넘버가 'IE1RD01210065'인 제품과 종류, 생산 공장, 모델이 같은 것은?

① IE1RD01100246
② IB1YE01313898
③ LT2BK01210116
④ IE1BK01220150

정답 해설 제품의 시리얼 넘버가 'IE1RD01210065'인 제품의 종류는 잉크젯 프린터(I)이며, 생산 공장은 영등포구(012), 모델명은 엑스젯(E1)이다. 이와 제품 종류, 생산 공장, 모델명이 같은 시리얼 넘버는 ④의 'IE1BK01220150'이다.

오답 해설
① 'IE1RD01100246'의 경우 생산 공장이 강서구(011)이다.
② 'IB1YE01313898'의 경우 모델명이 베이커(B1)이며, 생산 공장도 김포(013)이다.
③ 'LT2BK01210116'은 제품의 종류가 레이저 프린터(L)이며, 모델명도 트윈젯(T2)이다.

56 1,000번째 생산된 제품을 찾으려고 하는데, 색상이 흰색인 복합기라는 것 외에는 정보가 없다. 다음 중 그 제품으로 가장 알맞은 것은?

① CB2WH01001000
② CE2YE01201000
③ CZ1WH01010000
④ LB2OR01001000

정답 해설 확인하려는 제품은 복합기이므로 코드가 'C'이다. 또한 색상이 흰색이므로 'WH', 1,000번째 생산된 제품이므로 생산 넘버가 '01000'이다. 이를 모두 만족하는 것은 ①이다.

오답 해설
② 제품 명칭은 복합기(C)이나 색상이 노란색(YE)이므로 찾는 제품이 아니다.
③ 제품 코드(C)와 색상(WH)이 일치하나, 제품의 생산 넘버가 '10000'으로 일치하지 않는다.
④ 제품이 레이저 프린터(L)이므로, 모두 찾는 제품이 아니다.

[57~58] 다음 A은행의 계좌번호 생성 방법을 보고 물음에 답하시오.

(예) (지점번호)－(계정목적)－(발급순서, 랜덤번호)

210－798－00419

A은행 여의도 지점에서 적금을 목적으로 41번째로 발급받고 랜덤번호 9인 계좌번호

〈표1〉 지점번호

지점	번호	지점	번호	지점	번호
종로 지점	110	목동 지점	330	역삼 지점	430
서울역 지점	100	구로 지점	320	삼성역 지점	420
여의도 지점	210	사당 지점	310	압구정 지점	410
신도림 지점	200	강남 지점	300	동대문 지점	400

〈표2〉 계정목적

계정 목적	보통예금	저축예금	적금	대출	펀드	기업 자유
번호	641	712	798	859	887	924

57 다음 주어진 계좌번호에 대한 설명으로 옳은 것은?

330－859－05071

① A은행의 목동 지점에서 발행된 계좌번호이다.

② 펀드를 위해 만든 계좌번호이다.

③ 5071번째 발행된 계좌번호이다.

④ 같은 목적으로 가입한 사람의 수를 알 수 있다.

정답해설 330 : A은행 목동 지점에서 발행된 것임을 알 수 있다.

859 : 대출을 목적으로 만든 계좌번호이다.

05071 : 507번째로 발행된 계좌번호이며 랜덤범호는 1이다.

정답 55 ④ | 56 ① | 57 ①

58 다음 중 계좌번호에 대한 설명으로 옳지 않은 것은?

① 430－641－01200 : 보통예금을 목적으로 발행된 계좌번호이다.

② 300－712－00811 : A은행의 강남 지점에서 발행된 계좌번호이다.

③ 100－924－00755 : 기업자유를 목적으로 75번째 발행된 계좌번호이다.

④ 400－887－01287 : 동대문 지점에서 대출을 목적으로 발행된 계좌번호이다.

정답 해설 400－887－01287은 동대문지점에서 펀드를 목적으로 발행된 계좌번호이다. 대출을 목적으로 한 계좌번호는 '859'가 들어간다.

59 다음 자료를 보았을 때 A~D 중 가장 적은 휴가비를 지급받은 사람은?

은행에서 일하는 직원 A~D는 7월 23일~7월 30일 중 3일씩 휴가가 주어졌다. 이에 총무부는 다음 표와 조건을 보고 휴가비를 계산하여 지급하고자 한다.

〈7월 달력〉

일요일	월요일	화요일	수요일	목요일	금요일	토요일
22	23 직원 A 휴가 직원 B 휴가	24 직원 A 휴가 직원 D 휴가	25 직원 D 휴가 직원 C 휴가	26 직원 C 휴가 직원 A 휴가	27 직원 C 휴가 직원 B 휴가	28
29	30 직원 A 휴가 직원 D 휴가	31				

〈휴가비 지급조건〉

- 기본으로 지급되는 비용은 하루 당 40,000원이다
- 주말은 휴가에 포함하지 않으며, 휴가비 또한 지급하지 않는다.
- 일정기간 중 휴가 사용일수 3일 미만인 사람은 제공되는 전체 휴가 비용의 20%를 추가로 지급한다.

• 일정기간 중 휴가 사용일수 3일 초과인 사람은 제공되는 전체 휴가 비용의 20%를 삭감한다.

• 3일의 휴가를 연속으로 사용한 사람에게는 20,000원을 추가 지급한다.

① 직원 A　　② 직원 B

③ 직원 C　　④ 직원 D

각 직원의 휴가비를 계산해보면

직원 A의 경우 23일~24일, 26일, 30일로 총 4일 휴가를 보냈으므로 {40,000(원)×4(일)}×0.8=128,000(원)

직원 B의 경우 23일, 27일로 총 2일 휴가를 보냈으므로 {40,000(원)×2(일)}×1.2=96,000(원)

직원 C의 경우 25일~27일로 총 3일 연속휴가를 보냈으므로 {40,000(원)×3(일)}+20,000(원)=140,000(원)

직원 D의 경우 24일~25일, 30일로 총 3일 휴가를 보냈으므로 40,000(원)×3(일)=120,000(원)

60 부품업체 A는 제조업체 B에게 상품을 보내기 위해 운송업체 C와 운송계약을 체결하였다. 다음 조건들을 참고하여 판단할 때 적절하지 않은 내용은?

1. 송하인은 운송인에 대하여 운송의 중지, 운송물의 반환, 기타의 처분을 청구할 수 있다.
2. 운송물이 도착지에 도착했을 때 수하인은 송하인과 동일한 권리를 취득한다.
3. 운송물이 도착지에 도착한 수하인이 그 인도를 청구했을 때에는 수하인의 권리가 송하인의 권리에 우선한다.
4. 운송물이 도착지에 도착한 후 수하인이 운송물의 수령을 거부하거나 수령할 수 없는 경우 운송인이 송하인에 대하여 상당한 기간을 정하여 운송물의 처분에 대한 지시를 최고하여도 그 기간 내에 지시를 하지 아니한 때에는 운송인은 운송물을 경매할 수 있다.
5. 수하인이 운송물을 수령했을 때에는 운송인에 대하여 운임, 기타 운송에 관한 비용 등을 지급할 의무를 부담한다.

※ **송하인** : 운송물의 운송의 의뢰하는 발송인
※ **운송인** : 물품 또는 여객의 운송에 대한 영업을 하는 자
※ **수하인** : 운송물의 수령인으로 지정된 자
※ **최고** : 타인에게 일정한 행위를 할 것을 요구하는 통지

① 송하인은 A, 수하인은 B, 운송인은 C이다.
② 운송물이 도착지에 도착하고 B가 인도를 청구하기 전에는 A와 B는 동일한 권리를 갖는다.
③ 운송물이 도착지에 도착한 후 B의 소재를 알 수 없는 경우 A는 운송물의 처분을 C에게 지시할 수 있다.
④ 운송물이 도착지에 도착한 후 B가 운송물의 인도를 청구하면 A의 권리는 소멸된다.

정답 해설 일반적으로 송하인은 수하인으로부터 결제대금을 받아야 하기 때문에 송하인의 권리가 소멸되어서는 안 된다. 운송물이 도착지에 도착한 후 수하인이 그 인도를 청구했을 때에는 수하인의 권리가 송하인의 권리에 우선하므로 ④는 옳지 않다.

금융 / 경제 / 일반 상식

01 다음 중 이자와 관련된 설명으로 적절한 것은?

① 원금에 지급되는 기간 당 이자를 비율로 표시한 것을 금리라고 한다.
② 이자가 발생할 때 처음 원금에 이자를 더하여 합계액을 만드는 것은 단리법이다.
③ 복리법은 원금×약정된 이자율×기간으로 계산한다.
④ 목돈에 이자 수익을 발생시키기 위해 은행에 일정 기간 묶어두는 방식은 적금이다.

1DAY 2DAY 3DAY

정답 해설 금리란 원금에 지급되는 기간 당 이자를 비율로 표시한 것으로 이자율과 같은 의미로 사용된다. 금리 부담이 작거나 크다고 할 경우 금리는 이자를, 금리가 높거나 낮다고 할 경우의 금리는 이자율을 의미하게 된다.

오답 해설 ② 일정 기간 이자가 발생하였을 때 처음 원금에 이자를 더하여 합계액을 만드는 방법은 복리법으로 이 합계액이 다음 기간의 원금이 되어 새로운 이자가 발생하는 계산법으로 같은 기간이더라도 단리보다 더 많은 이자를 얻지만 상품 가입 후 만기가 되어 원금과 이자를 수령할 땐 이자소득세 15.4%를 제외하고 수령한다.
③ 제시된 계산법은 단리법으로 원금에 대해서 약정된 이자율과 기간을 곱해 이자를 계산하는 방법이다. 이때 발생되는 이자는 원금에 합산되지 않으므로 이자에 이자는 발생하지 않으며, 상환기간까지 원금과 이율의 변동이 없으면 일정한 기간 중에 발생하는 이자율은 항상 같다.
④ 목돈에 이자 수익을 발생시키기 위해 은행에 일정 기간 동안 묶어두는 방식은 예금으로 자유롭게 입출금이 가능한 자유예금과 일정 기간 묶어두는 방식인 정기예금이 있다.

02 다음 중 오픈뱅킹에 대한 설명으로 옳지 않은 것은?

① 하나의 은행 앱에 자신의 모든 은행계좌를 등록할 수 있다.
② 오픈 API를 활용해 구성한다.
③ 은행권의 모든 업무를 할 수 있다.
④ 신생 핀테크 기업들이 즉시 금융서비스를 제공한다.

정답 01 ① | 02 ③

정답해설 오픈뱅킹(Open Banking)은 은행권에서만 이용할 수 있으며 은행 역시 본사의 은행 계좌를 기반으로 한 업무만 할 수 있다.

03 다음 중 한 계좌에서 다양한 금융기관 투자금융상품을 운용할 수 있는 금융상품은?

① IWA
② ISA
③ CMA
④ MMF

정답해설 ISA(Individual Savings Account ; 개인종합자산관리계좌)는 한 계좌에 예금, 적금, 펀드, 파생결합증권 등 여러 금융상품을 담아 다양한 금융기관 투자금융상품을 운용할 수 있는 금융상품을 말한다.

오답해설
① IWA(International Workshop Agreement)는 특정 규범 문서를 다루는 워크샵에서 논의를 통한 결과물로서 국제표준화기구(ISO) 기술위원회 외부에서 개발된 기술 문서를 상징한다.
③ CMA(Cash Management Account)는 예탁금을 어음이나 채권에 투자하여 그 수익을 고객에게 돌려주는 실적배당 금융상품으로 어음관리계좌 또는 종합자산관리계정이라고도 한다.
④ MMF(Money Market Funds)는 단기금융상품에 집중투자해서 단기 금리의 등락이 펀드 수익률에 신속히 반영될 수 있도록 한 초단기 공사채형 금융상품이다.

04 다음 중 리디노미네이션의 단점으로 알맞은 것은?

① 화폐, 회계 장부, 전표 등의 교환과 변경에 따른 비용이 막대하다.
② 화폐단위 변경으로 인한 불안심리가 확산된다.
③ 화폐단위가 작아진 데 따른 착각으로 과소비가 만연해진다.
④ 물가의 혼란을 자극한다.

정답 해설 리디노미네이션(Redenomination)은 한 나라에서 통용되는 통화의 액면을 동일한 비율의 낮은 숫자로 변경하는 것으로 국민들의 일상 거래상 편의 제고 및 회계장부의 기장처리 간편화, 인플레이션 기대심리 억제, 대금결제의 용이 등의 장점이 있지만 화폐단위 변경으로 인한 국민의 불안심리 확산, 검은 돈의 유통 증가, 새로운 화폐의 제조에 따른 비용 부담과 같은 단점도 존재한다.

오답 해설 ②번을 제외한 나머지는 모두 디노미네이션(Denomination)의 단점으로 한 나라의 화폐를 가치의 변동없이 모든 은행권 및 지폐의 액면을 동일한 비율의 낮은 숫자로 표현하거나 이와 함께 새로운 통화단위로 화폐의 호칭을 변경시키는 것을 말한다. 화폐의 실질가치의 변동 없이 호칭만 변경시키는 것이므로 원론적으로는 소득, 물가 등 국민경제에 중립적인 영향을 주지만 신 · 구 화폐의 교환, 각종 현금 자동입출금기(ATM)와 자동판매기 교체, 전산화되어 있는 회계 장부 · 전표 등의 변경 등에 따른 막대한 비용이 들어가며 화폐단위가 작아진 데 따른 착각 때문에 과소비를 부추기고 물가를 자극할 수 있다는 점이 문제로 지적된다.

05 다음 중 우리나라가 금융실명제를 실시하면서 얻을 수 있었던 효과로 옳지 않은 것은?

① 지하 경제를 억제하는 데 기여하였다.
② 각종 부정부패 사건의 자금 추적에 도움을 주었다.
③ 사채 시장이 위축되었다.
④ 기업의 사업정보를 국민이 편리하게 볼 수 있게 되었다.

정답 해설 ④의 내용은 정책실명제에 대한 효과로 우리 정부는 정책실명제에 따라 생산문서의 담당자부터 결재자까지의 실명을 전자적으로 기록하고 있으며, 정책실명제 중점관리 대상사업을 선정하여 사업 정보를 국민이 편리하게 볼 수 있도록 공개하고 있다.

정답 03 ② | 04 ② | 05 ④

06 다음 중 인플레이션을 진정시키기 위한 정부와 중앙은행의 경제정책으로 옳지 않은 것은?

① 재할인율 인상
② 지급준비율 인상
③ 대출금리 인하
④ 흑자예산 편성

정답 해설 대출금리 인하는 경기 진작을 위해 사용하는 정책수단으로 대출금리가 인하되면 금리에 대한 부담이 낮아져 대출수요가 많아지므로 시중에 자금 공급이 더욱 확대된다.

07 다음 중 국제금융시장을 이동하는 단기자금의 이름은?

① 소프트 머니
② 하드 머니
③ 핫 머니
④ 스마트 머니

정답 해설 핫 머니(Hot Money)는 국제금융시장을 이동하는 단기성 자금으로 각국 단기금리의 차이, 환율의 차이에 의한 투기적 이익을 목적으로 하는 것과 국내 통화불안을 피하기 위한 자본도피 등 두 종류가 있다.

오답 해설
① 소프트 머니(Soft Money)는 직접선거운동이 아닌 정책홍보와 정당 활동을 위해 무제한의 기부를 허용하는 기부선거자금이다.
② 하드 머니(Hard Money)는 개인과 단체 또는 정치단체가 일정 후보자나 정당을 지원하는 일종의 선거자금이다.
④ 스마트 머니(Smart Mondy)는 장세변화에 따라 신속하게 움직이는 자금으로 시장정보에 민감한 기관들이 보유한 현금 등이 해당된다.

08 국내 시장에서 외국기업이 자국기업보다 더 활발히 활동하거나 외국계 자금이 국내 금융시장을 장악하는 현상을 지칭하는 용어는?

① 피셔 효과 ② 윔블던 효과

③ 베블런 효과 ④ 디드로 효과

정답해설 윔블던 효과(Wimbledon Effect)란 영국 런던의 윔블던에서 열리는 테니스대회에서 개최국인 영국의 선수가 우승하지 못하고 매번 외국선수들이 우승 트로피를 가져가는 상황을 빗대어 만든 경제용어로, 국내 자본시장을 외국계 자금이 대부분 점유하는 현상을 일컫는다.

오답해설 ① 피셔 효과(Fisher Effect)란 시중금리와 인플레이션 기대심리와의 관계를 말해주는 이론으로, 시중의 명목금리는 실질금리와 예상 인플레이션율의 합계와 같다는 것을 말한다.

③ 베블런 효과(Veblen Effect)란 가격이 오르는데도 일부 계층의 과시욕이나 허영심 등으로 인해 수요가 줄어들지 않는 현상으로 미국의 사회학자이자 사회평론가인 베블런이 출간한 저서 《유한계급론》에서 유래하였다.

④ 디드로 효과(Diderot Effect)란 하나의 물건을 사고 나서 그에 어울릴만한 물건을 계속 구매하며 또 다른 소비로 이어지는 현상을 일컫는 용어로 특정 제품을 통해 자신을 나타내고 동일시하고자 하는 소비자의 욕구는 제품의 성능이나 실제 필요 여부와 관계없이 특정 제품에 대한 선호, 그리고 그와 어울리는 추가적인 제품의 구매로 이어진다.

09 다음 중 리보 금리가 기준으로 사용되는 경우로 옳지 않은 것은?

① 특정 국가의 금융자금이 외화자금을 들여올 때

② 국가 간 캐리 트레이드를 판단할 때

③ 파생상품을 만들 변동금리의 기준점이 필요할 때

④ 세계금융시장의 장기 추세를 파악할 때

정답해설 리보(LIBOR)금리는 'London Inter－Bank Offered Rates'의 약자로 국제금융시장의 중심지인 영국 런던의 은행 등 금융기관끼리 단기자금을 거래할 때 적용하는 금리다. 금융 산업이 발달한 영국은행들의 신용도가 한 때 세계 최고수준을 자랑했고 오늘날에는 뉴욕시장과 같이 가장 영향력 있는 국제금융기관에서 적용하여 세계 각국의 국제간 금융거래에 기준금리로 활용되기 때문에 세계금융시장의 상태도 판단할 수 있지만, 장기 추세까지 반영한다고 보긴 어렵다.

정답 06 ③ | 07 ③ | 08 ② | 09 ④

10 다음 중 고정환율제도에 대한 설명으로 올바른 것은?

① 안정된 외환운용을 할 수 있다.
② 국제투기자금의 환투기 공격을 막을 수 있다.
③ 국제수지 불균형을 자동적으로 조정한다.
④ 외환보유액을 일정 수준만 유지해도 된다.

정답 해설 고정환율제도는 특정 외국통화에 자국통화의 가치를 고정시키는 제도로 환율변동 위험으로부터의 경제 불확실성이 없기 때문에 안정적인 외환운용을 할 수 있다는 장점이 있다.

오답 해설 ② 고정환율제도는 자본 이동성이 크게 확대된 환경에서는 국제투기자금의 환투기 공격에 노출될 수 있다는 단점이 있다.
③ 고정환율제도의 경우 가격기구 기능에 의한 자동적 국제수지를 조정할 수 없으므로 불균형 역시 자동적으로 조정되지 않는다.
④ 고정환율제도를 유지하기 위해서는 중앙은행이나 정부의 충분한 외환보유액이 필요하다는 한계가 있다.

11 국제결제은행(BIS)이 은행 시스템의 건전성 확보와 국제적 감독 기준 마련을 위해 발표한 BIS 기준에서 정하고 있는 최소 자기자본은?

① 7% ② 8%
③ 9% ④ 10%

정답 해설 국제결제은행(BIS)은 1930년 1월 헤이그협정에 의거 설립된 중앙은행간 협력기구이자 현존하는 국제금융기구 중 가장 오래된 기구로 1988년에는 바젤합의를 통해 은행 시스템의 건전성 확보와 국제적 감독 기준 마련을 목적으로 하는 'BIS 기준'이라는 자기자본규제안을 발표하였다. BIS 자기자본비율은 위험가중자산에 대한 자기자본 비율을 의미하여 BIS 기준은 위험가중자산의 최소 8%를 자기자본으로 보유하도록 유도하고 있다.

12 다음 중 서킷브레이커에 대한 설명으로 옳지 않은 것은?

① 주식매매를 일시 정지하는 제도이다.

② 1987년 블랙먼데이 이후 주식시장의 붕괴를 막기 위해 도입되었다.

③ 주식시장에서 주가가 갑자기 등락하는 경우 시장에 미치는 충격을 완화한다.

④ 거래량이 가장 많은 종목의 가격이 6% 이상 상승할 때에도 발동된다.

정답 해설 서킷브레이커(Circuit Breaker)는 주식시장에서 주가가 급등락하여 시장에 주는 충격을 축소하기 위해 주식 거래를 일시적으로 정지하는 제도로 발동조건은 종합주가지수가 전일에 비해 하한 10% 이상의 변동폭을 1분 이상 보일 경우 발동된 후 20분간 거래가 정지되며 추가로 10분간 동시호가를 적용하여 거래가 재개된다. ④번의 경우 프로그램 매매호가 관리제도의 일종인 사이드카에 대한 설명이다.

13 다음 중 채권시장에 대한 설명으로 옳은 것은?

① 단기채가 장기채에 비해 금리가 낮다.

② 우리나라의 경우 회사채가 차지하는 비중이 가장 크다.

③ 채권 투자자들은 대부분 개인들이다.

④ 채무불이행 위험이 높을수록 채권수익률은 내려간다.

정답 해설 채권은 상환기간에 따라 장기, 중기, 단기채로 나눈다. 단기채로 구분하는 뚜렷한 기준은 없으나 대체로 상환기간이 1~2년 이하의 채권을 말한다. 또 유통시장에서는 상환기한이 2년 이상인 중기 또는 장기채라도 상환만기일까지의 남은 기간이 1~2년 이하이면 단기채라고 한다.

오답 해설 ② 우리나라의 채권시장은 회사채보다는 국공채가 차지하는 비중이 더 크다.
③ 채권은 주식처럼 한국거래소보다는 장외시장에서 기관투자가들끼리 주로 거래한다.
④ 채무불이행 위험이 높다는 것은 리스크가 높다는 것이고 리스크가 높으면 채권수익률은 높아진다.

정답 10 ① | 11 ② | 12 ④ | 13 ①

14 다음 중 공유경제의 서비스에 포함되지 않는 것은?

① 카풀
② 타다
③ 웹하드
④ 위워크

정답 해설 공유경제란 한 번 생산된 재화나 서비스를 여러 사람이 공유해 쓰는 협업소비를 기본으로 한 경제용어로 집, 책, 자동차 등 다양한 재화의 공유는 물론이고 재능 및 지적 재산의 공유영역에까지 확대되고 있으며 승차공유 서비스인 '카풀', 승합차 호출 서비스인 '타다', 사무실 공간을 빌려 쓸 수 있는 '위워크' 등이 대표적인 공유경제 서비스이다.

15 다음 중 플래그십 스토어에 대한 설명으로 옳은 것은?

① 자사의 모든 상품 브랜드를 취급한다.
② 브랜드의 성격과 이미지를 극대화한다.
③ 브랜드의 표준 모델이 없다.
④ 아담하게 공간을 조성한다.

정답 해설 플래그십 스토어(Flagship Store)는 특정 상품 브랜드를 앞세워 전체 브랜드의 성격과 이미지를 극대화하는 매장을 일컫는다. '플래그십'은 해군 함대의 기함을 지칭하는데, 여기서는 기업의 주력 상품을 의미한다.

오답 해설 ① 한 기업에서는 여러 가지 브랜드를 출시하는데, 그중 반응이 좋은 브랜드를 중심으로 판촉을 벌여 소비자가 브랜드에 가지는 긍정적인 이미지를 다른 브랜드로 확산시켜 기업 전체의 매출을 증가시키는 것이 목적이다.
③ 플래그십 스토어는 브랜드의 표준 모델을 제시하고 그 브랜드의 각각 라인별 상품을 구분해서 소비자들에게 기준이 될 만한 트렌드를 제시하고 보여 준다.
④ 플래그십 스토어는 일반 매장과 달리 다양한 체험이 가능한 넓은 공간을 확보하고 브랜드 이미지에 부합하는 인테리어 등으로 꾸며진다.

16 은퇴 후에도 열정적으로 살아가기 위해 활발한 여가생활을 즐기고 스스로에게 아낌없이 소비하며 살아가는 새로운 노인층이란 뜻의 신조어는?

① 와인세대　　② 오팔세대

③ 알파세대　　④ 실감세대

정답해설 오팔세대(OPAL)는 '활동적인 인생을 계속 이어가는 노년층(Old People with Active Lives)'이란 뜻의 2000년대 초반 일본에서 탄생한 신조어로 새로운 소비층으로 부각되고 있는 5060세대를 일컫는 베이비부머 세대인 58년생을 뜻한다. 이들은 은퇴 후 새로운 일자리를 찾고, 여가 활동을 즐기면서 젊은이들처럼 소비하며 자신을 가꾸는 데 많은 시간과 돈을 투자한다.

오답해설 ① 와인세대(WINE)는 'Well Integrated New Elder'의 각 머리글자를 따서 조합한 것으로 사회적 · 개인적으로 잘 통합되고 숙성된 기성세대라는 의미이다. 보통 40대 중반에서 60대 중반까지를 가리키며 사회에 대한 책임과 자신에 대한 관심이라는 양면적 가치 속에서 삶에 대한 긍정적 태도, 미래에 대한 낙관, 세대포용의 태도를 보이며 젊었을 때보다 한층 숙성된 모습을 보이는 것이 특징이다.

③ 알파세대(Alpha)는 어려서부터 기술적 진보를 경험하며 자라나는 세대로 2011~2015년 태어난 0~8세 영유아를 지칭하며 기계와의 일방적 소통에 익숙해 사회성 발달에 부정적인 영향을 미칠 수 있다는 우려가 있다.

④ 실감세대는 실감나는 경험을 소비하는 세대로, 이들은 오감을 만족시키는 콘텐츠와 제품 등에 환호하는 특징을 지닌다. 수동적인 자극이 아닌 오감을 만족시키는 현실 같은 감각에 끌리는 8090년대 초반~2000년대 초반 출생을 가리키며 이들이 소비에 있어 가장 중요시하는 것은 '체험'과 '재미'라 할 수 있다.

17 다음 중 레트로 마케팅에 대한 설명으로 올바른 것은?

① 네티즌들이 이메일을 통해 자발적으로 홍보해준다.

② 고객 개개인과의 접촉을 통해 직접적인 반응과 판매를 유도한다.

③ 광고 · 홍보 활동에 고객들을 직접 주인공으로 참여시킨다.

④ 과거의 제품이나 서비스를 현재 소비자들에게 맞게 재해석한다.

정답 14 ③ | 15 ② | 16 ② | 17 ④

정답 해설 레트로 마케팅(Retro Marketing)은 일명 복고마케팅으로, 과거의 제품이나 서비스를 현재 소비자들의 기호에 맞게 재해석하여 마케팅에 활용하는 것을 말한다. 복고는 당시를 향유하던 세대들에게는 향수를 불러일으키며 반가움과 위로를 줄 수 있고, 젊은 세대들에게는 새로운 문화를 접하는 신선함을 줄 수 있는데 이를 이용해 단순히 과거에 유행했던 것을 그대로 다시 파는 방식이 아니라 현대적 감각을 가미하여 새로운 트렌드를 제시하며 소비자를 유혹한다.

① 바이럴 마케팅(Viral Marketing)에 관한 설명으로 네티즌들이 이메일이나 다른 전파 가능한 매체를 통해 자발적으로 어떤 기업이나 기업의 제품을 홍보할 수 있도록 제작하여 널리 퍼지는 마케팅 기법이다.

② DB 마케팅(Database Marketing)에 관한 설명으로 고객과 기업에 대한 1차 정보로 작성한 데이터베이스를 전략적으로 이용하여 고객 개개인과의 접촉을 통해 직접적인 반응과 판매를 유도하는 마케팅 기법이다.

③ 풀 마케팅(Pull Marketing)에 관한 설명으로 광고 · 홍보 활동에 고객들을 직접 주인공으로 참여시켜 벌이는 판매기법을 의미한다. 제조업체가 최종소비자를 상대로 적극적인 판촉활동을 하고 결국 소비자가 자사 제품을 찾게 하여 중간상들이 자발적으로 자사 제품을 취급한다.

18 다음 중 기저효과로 인해 경제에 생기는 영향으로 알맞은 것은?

① 특정 산업을 주도하는 기업들의 주가가 추락한다.

② 외국의 거대자본이 국내 기업에 시장지배력을 행사한다.

③ 경제지표가 실제보다 부풀려져 나타날 수 있다.

④ 소득이 늘지 않아도 소비성향이 줄어들지 않는다.

정답 해설 기저효과(Base Effect)는 경제지표를 평가하는 과정에서 기준시점과 비교시점의 상대적 수치에 따라 그 결과에 큰 차이가 나타나는 현상으로 통계분석 주체에 의해 인위적으로 의도된 착시라는 점이 큰 특징이며 경제정책 당국이 국가경제의 안전 및 선순환을 위해 시장에 벌이는 고도의 심리전술이기도 하다.

오답 해설 ① 아마존 효과(Amazon Effect)에 대한 영향으로 세계 최대의 유통기업인 아마존의 사업 확장으로 업계에 파급되는 효과를 이르는 말이며 아마존이 해당 분야에 진출한다는 소식만 들려도 해당 산업을 주도하는 기업들의 주가가 추락하고 투자자들이 패닉에 빠진다.

② 윔블던 효과(Wimbledon Effect)에 대한 영향으로 국내에 유입된 외국자본과 경쟁으로 인해 자국 기업의 경쟁력도 높아진다는 긍정적 효과의 반대로 자국 기업의 시장퇴출 및 내수불안을 야기한다는 부정적 효과도 불러온다.

④ 래칫 효과(Rachet Effect)에 대한 영향으로 국민소비행동에서 일반적으로 볼 수 있는 현상이다. 가계(家計)에서 각 시점의 소비지출은 그때의 소득수준에 의존한다고 보는 것이 일반적이지만, 실제로는 과거 소득이 높았을 때의 소비성향이 그 후 소득이 낮아졌다고 해서 낮아진 만큼 줄어들지 않는 경향이 있다.

19 어느 제품의 가격이 내려갔음에도 그 제품의 수요와 소비가 감소했을 때, 해당 재화를 나타내는 용어는?

① 보완재　　② 독립재

③ 기펜재　　④ 대체재

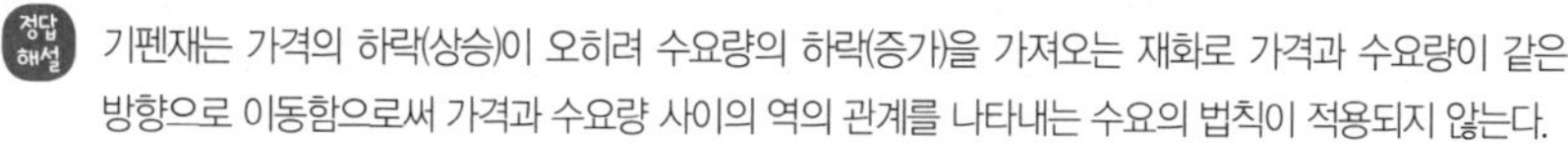

정답해설 기펜재는 가격의 하락(상승)이 오히려 수요량의 하락(증가)을 가져오는 재화로 가격과 수요량이 같은 방향으로 이동함으로써 가격과 수요량 사이의 역의 관계를 나타내는 수요의 법칙이 적용되지 않는다.

오답해설 ① 보완재는 펜과 잉크, 커피와 설탕처럼 상호 보완하는 관계에 있어서 두 재화를 함께 소비할 때 효용이 큰 재화이다.

② 독립재는 두 재화 간에 어떤 한 재화에 대한 수요가 다른 재화의 가격의 변화에 의해서 전혀 영향을 받지 않는 경우를 말하며 설탕과 쌀의 경우가 그 예이다.

④ 대체재는 같은 효용을 얻을 수 있는 재화로 경쟁재라고도 한다. 예를 들면 버터와 마가린, 쇠고기와 돼지고기 등은 서로 대체재이며 일반적으로 대체관계에 있는 두 재화는 하나의 수요가 증가하면 다른 하나는 감소한다.

20 다음 중 중위소득을 기준으로 하여 몇 % 초과부터를 상류층으로 구분하는가?

① 140%　　② 150%

③ 160%　　④ 170%

정답 해설 중위소득이란 총 가구 중 소득 순으로 순위를 매긴 후 정확히 가운데를 차지한 가구의 소득으로 소득 계층을 구분하는 기준이 된다. 중위소득의 50% 미만은 빈곤층이며 50~150%, 150% 초과는 각각 중산층과 상류층으로 분류된다.

21 다음 중 디플레이션으로 발생하는 파급효과로 올바르지 않은 것은?

① 통화량이 감소한다.

② 투자는 위축되지만 생산은 증가한다.

③ 고용과 생산이 감소한다.

④ 실질채무부담이 증가한다.

정답 해설 디플레이션(Deflation)은 물가를 비롯해 경제 전반이 무기력하게 가라앉는 증세로 광범위한 초과 공급이 존재하는 상태이며 자산 가격 거품의 붕괴, 과도한 통화 긴축, 과잉설비 및 과잉 공급 등이 원인이다. 일반적으로 통화량이 줄어들어 물가가 폭락하고 경기가 침체되며 실질금리 상승으로 인한 투자 위축과 생산감소 초래, 실질임금 상승으로 인한 고용 및 생산 감소, 실질채무부담 증가로 인한 채무불이행 등의 효과를 가져온다.

22 다음 중 국민연금에 대한 설명으로 올바른 것은?

① 상후하박의 구조로 되어있다.

② 공무원, 군인, 사립학교 교원은 제외된다.

③ 20세 이상 국민이라면 가입신청을 할 수 있다.

④ 노령연금, 장애연금, 유족연금으로 구성되어 있다.

정답 해설 국민연금은 대한민국에서 보험의 원리를 도입하여 만든 사회보장제도로 전 국민을 대상으로 실시되는 공적연금제도이다. 1988년부터 시작되었으며 공무원, 군인, 사립학교 교직원을 제외한 모든 국민이 일정 기간 가입, 만 65세부터 혜택을 받는다.

① 국민연금은 하후상박 구조로 연금액이 구성된다.
③ 18세 이상 국민부터 가입이 가능하다.
④ 국민연금의 종류는 노령연금, 장애연금, 유족연금, 반환일시금 4가지가 있다.

23 최저임금위원회에서는 다음 연도 최저임금에 대한 심의를 거친 후 몇 월 며칠까지 결정하여 최저임금을 고시해야 하는가?

① 6월 14일　　② 7월 8일
③ 8월 5일　　④ 9월 20일

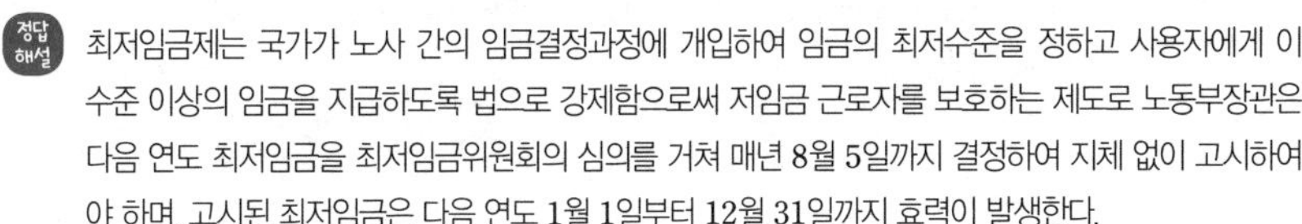

정답 해설 최저임금제는 국가가 노사 간의 임금결정과정에 개입하여 임금의 최저수준을 정하고 사용자에게 이 수준 이상의 임금을 지급하도록 법으로 강제함으로써 저임금 근로자를 보호하는 제도로 노동부장관은 다음 연도 최저임금을 최저임금위원회의 심의를 거쳐 매년 8월 5일까지 결정하여 지체 없이 고시하여야 하며, 고시된 최저임금은 다음 연도 1월 1일부터 12월 31일까지 효력이 발생한다.

24 다음 중 한국과 자유무역협정을 협상 중인 국가가 아닌 것은?

① 러시아　　② 필리핀
③ 말레이시아　　④ 콜롬비아

정답 해설 우리나라와 콜롬비아와의 자유무역협정(FTA)은 2016년 7월 15일부터 발효되어 무역이 이루어지고 있다.

25 다음 중 원칙적으로는 수입을 자유화하지만 예외적으로 수입을 제한하여 금지하는 품목만을 규정하는 제도는?

① 포지티브 시스템 ② 네거티브 시스템
③ 바터 시스템 ④ 쿼터 시스템

정답해설 네거티브 시스템(Negative System)은 수출입 자유화가 원칙적으로 인정된 무역제도 하에서 예외적으로 특수한 품목의 수출입을 제한 또는 금지하는 방식을 취하는 제도이다. 이러한 품목에 대해서는 정부에서 그 품목표를 만들어 공고한다.

오답해설 ① 포지티브 시스템(Positive System)은 점진적 자유화 추진방식의 하나로 개방이 가능한 부문 및 사항만을 열거하고 점차적으로 협상을 통해 개방 가능한 부문 및 사항을 확대하는 방식을 말한다.
③ 바터 시스템(Barter System)은 물물교환에 입각한 것으로 상대국에 대한 수출금액과 동량 또는 동액의 수입을 허가하는 제도이다.
④ 쿼터 시스템(Quarter System)은 수입품 또는 그 양을 수출국에 할당하는 방법으로 주로 수입을 제한하고자 도입한다.

26 다음 중 적대적 M&A를 방어하는 전략에 대한 설명으로 관계가 없는 것은?

① 임금을 대폭 인상하여 기업의 비용이 크게 늘어나게 만든다.
② 최소시장접근의 방식을 따른다.
③ 기존 경영진의 신분, 권리 등을 보장하도록 요구한다.
④ 적대적 인수기업의 주식을 매수함으로써 정면 대결을 한다.

정답해설 최소시장접근(MMA)은 수입 금지되었던 상품의 시장을 개방할 때 일정기간 동안 최소한의 개방폭을 규정한 것으로 농산물의 시장개방을 하면서 국내시장의 충격완화를 위해 전면적으로 개방하지 않더라도 최소한 이 정도는 수입해야 한다는 개방 정도의 하향폭을 말한다.

27 다음 중 홈족이 증가하게 된 이유로 올바르지 않은 것은?

① 취업난으로 인한 집에 머무는 시간이 늘어났기 때문에
② 진정하게 쉬고 싶은 열망이 예전보다 커졌기 때문에
③ 밖에서 여가를 보낼 때 돈의 지출이 더욱 많아졌기 때문에
④ 나가지 않아도 집에서 할 수 있는 일이 많아졌기 때문에

정답 해설 홈족은 집에서 주로 시간을 보내는 이들을 일컫는 말로 '집은 주거 공간'이라는 인식에서 한발 더 나아가 그 안에서 취미나 여가생활까지 즐기는 모습을 보인다. '히키코모리'나 '방콕족'과 달리 자발적으로 집에 머무는 것을 즐긴다는 점에서 구분되기 때문에 ①의 요인은 홈족의 증가 요인이라고 할 수 없다.

28 다음 중 뉴트로에 대한 설명으로 옳지 않은 것은?

① 기성의 것들을 토대로 새로운 것을 재창조한다.
② 이를 즐기는 계층에겐 신상품과 마찬가지로 새롭게 다가온다.
③ 과거를 그리워하면서 과거에 유행했던 것을 다시 꺼내 그 향수를 느끼는 것이다.
④ 과거 작품을 리메이크하거나 과거와 현재의 감성을 버무린 제품들을 선보이는 것이다.

정답 해설 뉴트로(New－tro)는 복고(retro)를 새롭게(new) 즐긴다는 뜻으로, 중장년층에게는 추억과 향수를, 젊은 세대에게는 새로움과 재미를 안겨 주는 것이 특징이며 기성의 것들을 토대로 새로운 것을 재창조하는 복고의 현대적 재해석이라고 할 수 있다. ③은 기존 레트로의 특징으로 레트로가 과거를 그리워하면서 과거에 유행했던 것을 다시 꺼내 그 향수를 느끼는 것이라면, 뉴트로는 같은 과거의 것인데 이걸 즐기는 계층에겐 신상품과 마찬가지로 새롭다는 의미를 담고 있다.

정답 25 ② | 26 ② | 27 ① | 28 ③

29 다음 중 톰 소여 효과에 대한 예시로 적절한 것은?

① 특정 브랜드의 옷이나 전자제품이 인기를 끌면 다른 사람들도 같은 제품을 사용하려 한다.

② 마약 범죄의 증가로 이를 강력히 단속하자 단속이 약한 곳에서 마약 거래가 급증한다.

③ 드라마를 극적인 장면에서 끝냄으로써 완결을 봐야한다는 생각을 시청자의 머릿속에 주입해 다음 시청률을 상승시킨다.

④ 회사에서 내적동기 발현을 통해 조직원들의 만족도를 높이고 장기 과제를 추진할 수 있는 동력을 얻는다.

정답해설 톰 소여 효과(Tom Sawyer Effect)는 마크 트웨인의 소설 《톰 소여의 모험》에서 비롯된 말로 일을 재미있게 여기고 놀이처럼 할 때 동기부여를 일으켜 큰 성과를 얻을 수 있다는 것을 뜻한다. 즉 자발적인 동기를 가진 일 혹은 자신이 즐거움을 느끼는 일에 더욱 큰 성취감과 성과를 얻을 수 있다는 의미이다.

오답해설 ① 양떼 효과(Herding Effect)의 예시로 집단에서 뒤처지지 않으려고 어쩔 수 없이 집단의 행동을 따라하는 현상이며 양들이 우두머리의 행동을 따라 움직이는 모습처럼 인간의 추종 심리를 상징적으로 나타낸다.

② 풍선 효과(Balloon Effect)의 예시로 풍선의 한 쪽을 누를 때 다른 쪽이 부풀어 오르는 모습처럼 어떤 문제를 해결하기 위해 정책을 실시하여 그 문제가 해결되고 나면 그로 말미암아 다른 곳에서 또 다른 문제가 발생하는 현상을 말한다.

③ 자이가르닉 효과(Zeigarnik Effect)의 예시로 사람들이 특정한 작업을 수행하는 동안 그 작업을 중도에 멈출 경우, 즉 미완성 상태에서는 그에 대해 기억을 잘 하지만 일단 일이 완성된 이후에는 그 일과 관련된 정보들을 망각하는 현상을 말한다.

30 지구환경보호의 일환으로 유해폐기물의 국가 간 교역을 규제하며 채택된 국제환경협약은?

① 바젤협약
② 런던협약
③ 람사르협약
④ 워싱턴협약

정답 해설 바젤협약은 1976년 이탈리아 화학공장이 폭발했을 때 다이옥신으로 오염된 토양이 국경을 넘어 처분된 사건을 계기로 1989년 스위스 바젤에서 116개 참가국 전원 일치로 채택되었다. 이후 1992년 20개국이 비준서를 기탁, 가입함으로써 발효된 국제협약으로 유해폐기물의 불법 이동에 따른 전 세계적인 차원의 환경오염 방지 및 개발도상국의 환경친화사업 지원이 목적이다.

오답 해설
② 런던협약은 1972년 OECD가 중심이 되어 핵폐기물 및 기타 물질의 투기에 의한 해양오염방지를 위해 채택한 국제협약으로 주요 내용은 국제원자력기구가 지정한 원자력발전소의 발전 후 핵연료 등 고준위 방사성 물질을 해양에 투기하는 것을 금지하며 기타 방사성 물질 투기의 경우 국제원자력기구의 권고를 참작한다는 것이다.
③ 람사르협약은 국제적으로 습지의 파괴를 억제하고 보호하기 위해 1971년 이란의 람사르에서 채택된 협약으로 국경을 초월해 이동하는 물새를 국제자원으로 규정하여 가입국의 습지를 보전하는 정책을 이행할 것을 의무화하고 있으며, 습지를 바닷물 또는 민물의 간조 시 수심이 6m를 초과하지 않는 늪과 못 등의 소택지와 갯벌로 정의하고 있다.
④ 워싱턴협약은 전 세계적으로 멸종위기를 겪는 야생 동 · 식물을 보호하기 위하여 포획, 채취, 상거래를 규제하는 국제무역에 관한 조약으로 1973년 워싱턴에서 채택되었으며 규제 대상이 되는 야생 동 · 식물을 멸종위기 정도에 따라 부속서 I, II, III으로 분류하여 차등적으로 규제한다.

31 우수한 능력을 갖췄음에도 상대적으로 낮은 소득을 감수하며 가정생활에 많은 시간을 할애하는 사람들을 뜻하는 말은?

① 노마드족
② 리터루족
③ 코쿤족
④ 슬로비족

정답 해설 슬로비족은 '천천히 그러나 더 훌륭하게 일하는 사람(Slow But Better Working People)'의 약칭으로 우수한 능력을 갖췄음에도 상대적으로 낮은 소득을 감수하고 가정생활에 많은 시간을 할애하는 특징을 지니며 일확천금에 집착하지 않아 성실하고 안정적인 생활에 삶의 가치를 더 부여하는 사람들이다.

오답 해설
① 노마드족은 하나에 정착하지 않고 그때그때 이익이 되는 것을 찾아 움직이는 사람들을 뜻하는 말이며 노마드(Nomad)는 '유목민, 정착하지 않고 떠돌아다니는 사람'이란 의미로 정보기술의 발달로 등장한 21세기형 신인류를 뜻한다.
② 리터루족은 돌아가다(Return)와 캥거루의 합성어로 결혼 후 경제적 원인으로 다시 부모의 곁으로 돌아가는 사람을 뜻하는 신조어이다. 높은 전셋값 등의 주택 문제와 육아 문제 등이 리터루족 탄생의 주요 원인이라고 분석된다.

③ 코쿤족은 누에고치란 뜻을 가진 남과 어울리기보다 개인의 공간에서 안락함과 편안함을 추구하는 사람들로 불확실한 사회와 단절되어 안전한 곳에서 보호받고 싶어 하는 욕구를 담고 있다.

32 다음 중 코로나 3법에 해당하지 않는 법은?

① 감염병 예방 · 관리법
② 검역법
③ 공중위생법
④ 의료법

정답해설 코로나 3법은 코로나바이러스 감염증－19 (코로나19)의 확산에 대응하기 위해 2020년 2월 26일 국회 본회의에서 의결한 감염법 예방 · 관리법, 검역법, 의료법 개정안을 말한다. 코로나 3법의 의결로 마스크 · 손 소독제 등 물품의 수출 · 국외반출을 금지하고 감염취약계층에게 마스크를 우선 지급하며, 코로나19 유행지로부터의 입국을 금지할 수 있는 법적 토대가 마련되었다.

33 오스카상으로도 불리며 25개 부문에 걸친 심사를 거쳐 시상하는 미국에서 가장 권위 있는 영화상의 이름은?

① 에미상
② 골든글로브상
③ 아카데미상
④ 토니상

정답해설 아카데미상은 미국 영화업자와 미국 내 영화단체인 영화예술과학 아카데미협회에서 심사해 수여하는 미국 최대의 영화상으로, 오스카상이라고도 한다. 시상식은 매년 2월 말에서 4월 초에 개최되어 미국 영화계뿐만 아니라 전 세계적인 주목도가 높아 각국에서 생중계 또는 위성중계를 진행하기도 한다. 2020년 2월 9일 봉준호 감독의 영화 〈기생충〉이 제92회 아카데미 시상식에서 작품상 · 감독상 · 각본상 · 국제장편영화상 등을 수상하며 4관왕을 차지했다. 특히 아카데미 92년 역사상 외국어 영화의 작품상 수상은 처음 있는 일이며, 비영어권 영화가 작품상과 감독상 모두를 차지한 것도 아카데미 사상 초유의 일이다. 아울러 국제장편영화상 수상작이 작품상을 받은 것도 처음 있는 일이다.

오답해설 ① 에미상은 미국에서 한 해 동안 TV를 통해 방송된 모든 프로그램을 대상으로 수여하는 상으로 미국의 TV 예술 아카데미에서 관장한다. 수상부문은 최우수 작품상을 비롯해 편집상, 기획상, 프로듀서상, 남녀 탤런트상 등이 있으며 1949년 처음 시상되었다.

② 골든글로브상은 세계 각국의 신문 및 잡지 기자로 구성된 할리우드 외신기자협회에서 수여하는 상으로 1944년부터 TV드라마, 뮤지컬, 코미디 장르를 구분해 시상한다.

④ '연극의 아카데미상'이라 불리는 이 상은 1947년부터 매년 브로드웨이의 연극, 뮤지컬 작품 및 그 무대 만들기에 참가했던 출연진, 스태프를 대상으로 시상하는 무대예술계 최고의 권위있는 상이다.

34 다음 중 공소장에 대한 설명으로 올바르지 않은 것은?

① 검사가 공소를 제기하고자 할 때 작성한다.

② 구두와 전보에 의한 것도 허용된다.

③ 일정한 기재사항이 규정되어 있다.

④ 죄명에 대한 추상적인 기재는 허용되지 않는다.

정답해설 검사가 공소를 제기하고자 할 시에는 반드시 공소장이라는 서면을 제출하도록 되어 있으며 구두와 전보 등으로 하는 것은 허용되지 않는다.

35 다음 중 국회에서 특정 법률을 패스트트랙 안건으로 지정하기 위해 필요한 재적 의원의 찬성 범위는?

① 4분의 2

② 5분의 2

③ 5분의 3

④ 6분의 3

정답해설 패스트트랙(Fast Track)은 국회에서 중요하고 긴급성이 있는 특정 법률을 더 신속히 처리할 수 있는 절차로 이를 요청하려면 전체 의원 중 과반수인 151명 이상 또는 해당 상임위원회 중 과반수의 서명이 있어야 하고 특정 법률을 패스트트랙 안건으로 지정하려면 전체 재적 의원 또는 상임 위원회의 재적 위원 5분의 3 이상이 찬성해야 한다.

정답 32 ③ | 33 ③ | 34 ② | 35 ③

36 다음 중 공직선거법에서 정하고 있는 국회의원의 수는?

① 199명　　② 200명
③ 250명　　④ 300명

정답 해설 공직선거법은 대한민국 헌법과 지방자치법에 의해 선거가 국민의 자유로운 의사와 민주적인 절차로 공정히 행하여지도록 하고, 선거와 관련된 부정을 방지함으로써 민주정치의 발전에 기여함을 목적으로 하는 법률로 현재 공직선거법에서는 국회의원 정수를 300명으로 지정하고 있으며 이에 따라 20대 국회의원 정수는 지역구 253명, 비례대표 47명을 합한 300명이다.

37 다음 중 국가재정법에 규정하고 있는 추가경정예산을 편성할 수 있는 사유로 옳지 않은 것은?

① 정부가 계획한 국가사업에 투입될 예산이 부족할 경우
② 전쟁이나 대규모 자연재해가 발생한 경우
③ 대내 · 외 여건에 중대한 변화가 발생하였거나 우려가 있는 경우
④ 국가가 지급하여야 하는 지출이 발생하거나 증가하는 경우

정답 해설 추가경정예산은 예산이 성립된 후에 생긴 부득이한 사유로 인하여 이미 성립된 예산에 변경을 가하는 예산으로 국가재정법은 '전쟁이나 대규모 재해가 발생한 경우'와 '경기침체, 대량실업, 남북관계의 변화, 경제협력과 같은 대내 · 외 여건에 중대한 변화가 발생하였거나 발생할 우려가 있는 경우', '법령에 따라 국가가 지급하여야 하는 지출이 발생하거나 증가하는 경우'를 추경을 편성할 수 있는 사유로 규정하고 있다. 추경 편성은 경제 활력 제고를 위한 대책으로 활용되지만 재정건전성에는 부담으로 작용할 수 있다.

38 외교, 안보적으로 동반자적 지위와 구심적 역할을 하는 핵심 국가를 일컫는 용어는?

① 코너스톤 ② 카운터파트
③ 린치핀 ④ 아그레망

정답해설 린치핀(Linchpin)은 원래 마차, 수레, 자동차 등 이동수단의 바퀴를 굴대에 고정시키는 핀을 가리키지만 비유적으로는 중핵을 이루는 중요한 인물이나 급소를 뜻하며 특히 외교 · 안보 분야에서는 바퀴가 빠지지 않게 중심을 잡아주는 역할을 하는, 핵심축 내지 구심점이라는 의미로 쓰인다. 한마디로 강한 동맹 관계를 기반으로 한 동반자라는 함의를 갖는다.

오답해설 ① 코너스톤(Conner Stone)은 본래 주춧돌, 초석이라는 뜻이지만 외교적으로는 '공동의 정책 목표를 달성하기 위해 꼭 필요한 동반자'라는 의미도 가진다.
② 카운터파트(Counterpart)는 사전적으로는 다른 장소나 상황에서 어떤 사람 · 사물과 동일한 지위나 기능을 갖는 상대, 즉 서로 비슷한 사람 혹은 사물을 뜻하지만 현실에서는 지위와 계급, 신분이 비슷한 '격(格)에 맞는' 협상이나 대화의 상대방을 가리키는 용어로 쓰인다. 특히 외교 분야에서 자주 거론되는데, 실무 협상 차원에서 직접 만나 업무상 대화를 나눌 수 있는 비슷한 직급의 당사자로 볼 수 있다.
④ 아그레망(Agrement)은 새로운 대사나 공사 등 외교사절을 파견할 때 상대국에게 얻는 사전 동의를 뜻하는 말이다.

39 다음 중 블록체인이 활용되는 분야로 옳지 않은 것은?

① 인사검증 시스템 ② 클라우드 컴퓨팅
③ P2P 대출 ④ 가상화폐 거래

정답해설 블록체인(Block Chain)은 블록에 데이터를 담아 체인 형태로 연결, 수많은 컴퓨터에 동시에 이를 복제한 다음 저장하는 분산형 데이터 저장 기술로 공공 거래 장부라고도 부른다. 대표적으로 가상화폐 거래에 사용되며 전자 결제나 디지털 인증뿐만 아니라 화물 추적 시스템, P2P 대출 등 신뢰성이 요구되는 다양한 분야에 활용할 수 있고 최근에는 채용과정에서 소모되는 사회 비용을 절감하기 위해 인사검증 시스템에도 사용되고 있다. ②는 빅데이터를 활용한 기술이므로 옳지 않다.

정답 36 ④ | 37 ① | 38 ③ | 39 ②

40 다음 중 레거시 미디어(Legacy Media)에 대한 설명으로 올바른 것은?

① '뉴미디어'에 대비되는 개념이다.

② 웹 기반의 새로운 미디어 플랫폼을 가리킨다.

③ 현재에는 사용되지 않는 매체를 지칭한다.

④ 콘텐츠 플랫폼의 다양화로 크게 주목받고 있다.

정답 해설 레거시 미디어(Legacy Media)는 소셜 네트워크 서비스(SNS), 유튜브 등으로 상징되는 이른바 '뉴미디어'에 대비되는 개념으로, 기성 언론 혹은 정통 언론 등으로 불리기도 한다.

오답 해설 ② 레거시 미디어는 웹 기반의 새로운 미디어 플랫폼에 견줘 전통적 미디어인 TV, 라디오, 신문 등을 가리킨다.

③ 레거시 미디어는 현재에도 여전히 사용되지만, 과거에 출시되었거나 개발된 오래된 대중매체를 지칭한다.

④ 콘텐츠 플랫폼의 다양화로 레거시 미디어의 위기론이 고개를 들고 있다.

40 ① 정답

KB 국민은행 필기모의 2회

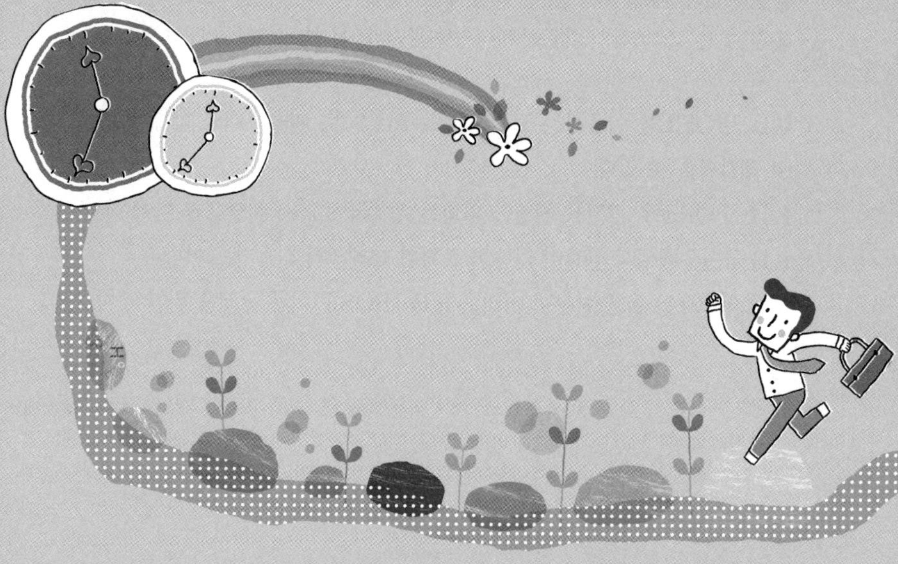

제2회

KB 국민은행 필기모의

NCS

01 KB 국민은행과 관련된 다음 기사 내용에 대한 설명으로 옳은 것은?

KB 국민은행은 5월 말까지 'KB-POST 외화 배달서비스' 이용 고객을 대상으로 80% 환율우대와 함께 외화를 무료로 배달해주는 이벤트를 실시한다고 밝혔다. 이벤트 대상 고객은 미화 600달러, 6만 5000엔, 550유로 이상 환전한 고객이다. 이 서비스는 인터넷뱅킹 및 모바일 앱으로 환전 신청한 외화를 우체국 배달서비스를 통해 고객이 원하는 장소에서 직접 배달을 받을 수 있다. 인터넷뱅킹, 리브(Liiv), KB 스타뱅킹 및 스마트 상담부(전용전화 1800-9990)를 통해 환전을 신청하고, 외화를 받을 날짜와 장소를 지정하면 된다. KB 국민은행은 지난해 2월 배달 지역을 전국(제주도 포함)으로 확대하고 환전 가능 통화도 기존 6개 통화에서 총 10개 통화(미국 달러, 유로화, 일본 엔화, 중국 위안화, 홍콩 달러, 태국 바트화, 싱가포르 달러, 영국 파운드, 캐나다 달러, 호주 달러)로 늘렸다. KB 국민은행 관계자는 "은행 방문이 어려운 고객이라면 80% 환율우대와 함께 영업점 방문 없이 무료로 외화 실물을 직접 배달을 받을 수 있다"며 "앞으로도 국민은행을 통해 환전하는 고객에게 다양한 혜택과 차별화된 서비스를 선보일 계획"이라고 말했다.

① KB-POST를 이용하는 고객들은 누구나 80% 환율우대와 함께 외화를 무료로 배달받을 수 있다.

② KB-POST로 환전을 신청한 외화는 우체국에 가서 배달을 받아야 한다.

③ KB 국민은행에서 환전이 가능한 통화가 올해부터 4개 더 늘어났다.

④ 해당 이벤트는 은행 방문이 어려운 KB-POST 이용 고객을 위한 것이다.

정답해설 해당 기사의 첫 번째 문단에서 'KB-POST 외화 배달서비스 이용 고객을 대상으로 80% 환율우대와 함께 외화를 무료로 배달해주는 이벤트를 실시한다'고 밝혔으며 이 내용이 마지막 문단의 "은행 방문이 어려운 고객이라면 80% 환율우대와 함께 영업점 방문 없이 무료로 외화 실물을 직접 배달을 받을 수 있다"는 관계자가 한 말과 연결되므로 기사의 이벤트는 KB-POST를 이용하는 고객 중에서 도 은행 방문이 어려운 고객들을 위한 것이라 할 수 있다.

오답 해설

① 첫 번째 문단에서 '이벤트 대상 고객은 미화 600달러, 6만 5000엔, 550유로 이상 환전한 고객'이라 밝히고 있으므로 KB-POST를 이용하는 고객이라고 해서 누구나 80% 환율우대와 함께 외화를 무료로 배달해주는 이벤트의 대상이 될 수는 없다.

② 두 번째 문단에서 '환전 신청한 외화를 우체국 배달서비스를 통해 고객이 원하는 장소에서 직접 배달을 받을 수 있다'고 했으므로 외화는 우체국이 아닌 고객이 원하는 장소에서 배달을 받는 것이다.

③ 세 번째 문단에 따르면 '지난해 2월부터 배달 지역을 전국(제주도 포함)으로 확대하고 환전 가능 통화도 기존 6개 통화에서 총 10개 통화로 늘렸다'고 했으므로 잘못된 설명이다.

02 다음 정보 공개 청구권자에 대한 자료에서 잘못 쓰여진 글자의 수는?

〈정보 공개 청구권자〉

- 모든 국민
  - 미성년자, 재외국민, 수형인 등 포함
- 법인
  - 사법상의 사단법인/재단법진, 공법상의 법인(자치단체 포함), 정두투자기관, 정부출연 기관 등
- 외국인
  - 국내에 일정한 주소를 두고 거주하는 자
  - 학술 연구를 위하여 일시적으로 헤류하는 자
  - 국내에 사무주를 두고 있는 법인 또는 단체

① 3개 ② 4개

③ 5개 ④ 6개

정답 해설

- 재단법진 → 재단법인
- 정두투자기관 → 정부투자기관
- 헤류하는 → 체류하는
- 사무주를 → 사무소를

03 사람들이 아래 신문을 읽고 나눈 〈보기〉에 나타난 대화의 결론으로 가장 적절한 것은?

〈드론의 출연과 정체〉

드론은 무선전파로 조종할 수 있는 무인 항공기로 카메라, 센서, 통신시스템 등이 탑재되어 있으며 25g부터 1,200kg까지 무게와 크기도 다양하다. 드론은 군사용으로 처음 생겨났지만 최근엔 고공촬영과 배달 등으로 그 용도가 확대되었고 농약을 살포하거나, 공기의 질을 측정하는 등 다방면에 활용되고 있다.

'드론'이라는 영어 단어는 원래 벌이 내는 소리를 뜻하는데, 작은 항공기가 소리를 내며 날아다니는 모습을 보고 이러한 이름을 붙였다. 초창기 드론은 공군의 미사일 폭격 연습 대상으로 쓰였는데, 점차 정찰기와 공격기로 용도가 확장되었다.

보기

A : 현재 드론은 군사용뿐 아니라 기업, 미디어, 개인을 위한 용도로도 활용되고 있대.
B : 하지만 여전히 드론 시장에 나온 제품 가운데 90%는 군사용이라던데?
C : 아직 그렇기는 해도 드론이 가지는 가능성은 무궁무진하다고 봐.
D : 그래. 최근에는 구글, 페이스북, 아마존 같은 글로벌 기업들은 물론 방송 · 영화 업계에서도 주목하고 있다고 해.

① 효율적인 군사 전력으로서의 드론이 세계적으로 주목을 받고 있다.
② 드론의 사용이 다양화되고 개인화되어 군사적 기능은 사라질 것이다.
③ 드론은 현재 군사적 기능에 치중되어 있으나 앞으로 많은 가능성을 가지고 있다.
④ 드론은 여러모로 유용한 기구이나, 그 활용에 있어서 많은 윤리적 문제를 가지고 있다.

정답 해설 현재까지는 드론이 군사용으로 주로 쓰여 왔으나 개인, 글로벌 기업 등이 주목하면서 큰 가능성을 가지고 있다.

[04~05] 이사 전문 업체의 법무팀에서 근무하고 있는 S씨는 주요 약관을 요약하여 정리하고 고객에게 상세하게 고지하는 업무를 담당하게 되었다. 아래의 제시 상황을 보고 이어지는 질문에 답하시오.

〈주요 약관〉

1. **위험품 등의 처분 (제16조)** 사업자는 화물이 위험품 등 다른 화물에 손해를 끼칠 염려가 있는 것임을 운송 중 알았을 때에는 고객에게 연락해서 자기 책임 하에 화물을 내리거나 기타 운송 상의 손해를 방지하기 위한 처분을 할 수 있으며 이 처분에 요하는 비용은 고객의 부담으로 한다.

2. **운송거절화물 (제29조)** 이사 화물이 다음에 해당될 때에는 이사 화물 운송이 불가하다.
   1) 현금, 유가증권, 귀금속, 예금통장, 신용카드, 인감 등 고객이 휴대할 수 있는 귀중품
   2) 위험물, 불결한 물품 등 다른 화물에 손해를 끼칠 염려가 있는 물건
   3) 동식물, 미술품, 골동품 등 운송에 특수한 관리를 요하기 때문에 다른 화물과 동시에 운송하기에 적합하지 않은 물건

3. **화물의 포장 (제31조)** 고객은 화물의 성질, 중량, 용적 운송거리 등에 따라 운송에 적합하도록 포장하여야 하며 화물의 포장이 운송에 적합하지 아니할 경우 사업자는 화물의 성격, 중량, 용적, 운송거리 등을 고려하여 운송에 적합하도록 포장하여야 한다.

4. **운임 등의 수수 (제33조)** 사업자는 이사 화물을 인도하였을 때 고객으로부터 계약서에 의한 운임들을 수수한다. 사업자가 실제로 지출한 운임 등의 합계액이 계약서에 기재한 운임 등의 합계액과 다르게 될 경우에는 다음의 각 호에 의한다.
   1) 실제로 지출한 운임 등의 합계액이 계약서에 기재한 운임 등의 합계액 보다 적은 경우는 실제로 소요된 운임 등의 합계액으로 본다.
   2) 실제로 지출한 운임 등의 합계액이 계약운임 등의 합계액을 넘는 경우에는 고객의 책임 있는 사유로 의해 계약운임 등의 산출의 기초에 변화가 생길 때에 한하여 실제 지출된 운임 등의 합계액으로 본다.

5. **해약수수료 (제34조, 제37조)** 계약금은 총 운임요금의 10%로 한다. 고객이 사업자에게 약정 운송일의 전까지 취소통보 시 해약 수수료는 계약금의 100%, 약정운송일 당일에 취소통보 시 계약금의 200%로 정한다. 사업자의 고의 및 과실로 계약서에 약정한 운송일의 2일 전까지 취소 통보 시 계약금환급 및 계약금의 2배액, 1일 전에 통보

시 계약금 환급 및 계약금의 3배액, 당일 통보 시 계약금의 4배액, 당일에 통보가 없는 경우 계약금 환급 및 계약금의 5배액을 배상할 책임이 있다.

04 S씨가 주요 약관을 바탕으로 다음과 같이 작성한 질의응답의 답변 중 옳지 않은 것은?

① Q. 저희 집에 소장 중인 고려청자도 이사할 때 같이 옮겨 주실 수 있나요?
A. 고려청자와 같은 골동품의 경우 특수한 관리를 요하기 때문에 운송이 불가합니다.

② Q. 내일 하기로 한 이사를 사정이 생겨서 못할 것 같은데 계약금을 돌려받을 수 있나요?
A. 계약금은 돌려받으실 수 없으며 운송일의 1일 전에 통보하셨으므로 계약금의 3배액을 회사에 납입해주셔야 합니다.

③ Q. 이사하기 전에 제가 직접 다 포장을 해야 하나요?
A. 고객님께서 먼저 이사 거리 및 화물의 성질 등을 고려하여 포장을 해주셔야 하며 만약 적합하지 않게 포장되어있을 경우 저희가 당일에 다시 포장할 수 있습니다.

④ Q. 총 운임요금이 50만 원 정도면, 계약금은 얼마나 내야 하나요?
A. 총 운임요금이 50만 원일 경우 계약금은 5만 원입니다.

정답해설 사업자가 고객에게 1일 전에 통보 시 계약금의 3배액을 납입하는 것으로 고객이 1일 전 통보 시 계약금만 환급받지 못하기 때문에 적절하지 않은 답변이다.

오답해설 ① 제29조에 따른 적절한 답변이다.
③ 제31조에 따른 적절한 답변이다.
④ 계약금은 총 운임요금의 10%이므로 50만 원의 10%인 5만 원이 계약금이 맞다.

05 S씨는 다음과 같은 상황이 발생해 적용되는 약관을 찾아보려고 한다. 적용되는 약관의 조항과 실제고객이 지불해야 하는 비용으로 올바른 것은?

고객 윤씨는 서울 중구에서 경기도 평택으로 이사를 했다. 윤씨는 이사 당일 서울 중구에서 이삿짐을 실은 후 여의도에 위치한 본인의 직장으로 가달라고 부탁했다. 그곳에서 윤씨는 잠시 친구에게 몇 가지 물건을 받아 실은 후 경기도 평택의 새 집으로 향했다. 이 과정에서 새로 실은 화물의 포장과 이동 등이 포함된 실제 운임 비용을 정산하였더니 계약 운임 78만 원보다 많은 80만 원이 발생한 것을 알 수 있었다.

	적용 약관	지불 비용
①	제29조	78만 원
②	제31조	78만 원
③	제33조	80만 원
④	제34조	80만 원

정답 해설 제시된 상황의 경우 계약운임은 78만 원이나 고객이 당일 부탁한 사유로 운임이 늘어나게 된 것이므로 제 33조에 따라 80만 원을 고객이 지불해야 한다.

06 다음 글을 바탕으로 〈보기〉의 상황을 이해한 내용이 적절한 것은?

위험 공동체의 구성원이 납부하는 보험료와 지급받는 보험금은 그 위험 공동체의 사고 발생 확률을 근거로 산정된다. 특정 사고가 발생할 확률은 정확히 알 수 없지만 그동안 발생한 사고를 바탕으로 그 확률을 예측한다면 관찰 대상의 많음에 따라 실제 사고 발생 확률에 근접하게 된다.

본래 보험 가입의 목적은 금전적 이득을 취하는 데 있는 것이 아니라 장래의 경제적 손실을 보상받는 데 있으므로 위험 공동체의 구성원은 자신이 속한 위험 공동체의 위험에 상응하는 보험료를 납부하는 것이 공정할 것이다. 따라서 공정한 보험에서는 구성원 각자

가 납부하는 보험료와 그가 지급받을 보험금에 대한 기댓값이 일치해야 하며 구성원 전체의 보험료 총액과 보험금 총액이 일치해야 한다. 이때 보험금에 대한 기댓값은 사고가 발생할 확률에 사고 발생 시 수령할 보험금을 곱한 것이다.

보험금에 대한 보험료의 비율(보험료/보험금)을 보험료율이라 하는데, 보험료율이 사고 발생 확률보다 높으면 구성원 전체의 보험료 총액이 보험금 총액보다 더 많고, 그 반대의 경우에는 구성원 전체의 보험료 총액이 보험금 총액보다 더 적으므로 공정한 보험에서는 보험료율과 사고 발생 확률이 같아야 한다.

보기

사고 발생 확률이 각각 0.1과 0.2로 고정되어 있는 위험 공동체 A와 B가 있다고 가정한다. A와 B에 모두 공정한 보험이 항상 적용된다고 할 때, 각 구성원이 납부할 보험료와 사고 발생 시 지급받을 보험금을 산정하려고 한다. 단, 동일한 위험 공동체의 구성원끼리는 납부하는 보험료가 같고, 지급받은 보험금이 같다. 보험료는 한꺼번에 모두 납부한다.

① A에서 보험료를 두 배로 높이면 보험금은 두 배가 되지만 기댓값은 변하지 않는다.
② B에서 보험금을 두 배로 높이면 보험료는 변하지 않지만 기댓값은 두 배가 된다.
③ A와 B에서의 보험료가 서로 같다면 A와 B에서의 보험금에 대한 기댓값은 서로 같다.
④ A와 B에서의 보험금이 서로 같다면 A에서의 보험료는 B에서의 보험료의 두 배이다.

정답 해설 제시문에서 공정한 보험에서는 보험료율과 사고 발생 확률이 같아야 한다고 하였고 보험료율은 보험료/보험금이다. 그런데 〈보기〉에서 공동체 B에서의 사고 발생 확률은 공동체 A에서의 사고 발생 확률보다 두 배 더 높으므로 공정한 보험이 항상 적용된다면 B에서의 보험료는 A에서의 보험료의 두 배가 되어야 한다. 그리고 만약 A와 B에서의 보험료가 같다면 A에서의 보험금은 B보다 두 배 많아야 하는데 보험금에 대한 기댓값은 사고 발생 확률과 보험금을 곱한 값이므로 B에서 사고 발생 확률은 A의 두 배이지만 보험금은 A가 B보다 두 배 많으므로 A와 B에서의 보험금에 대한 기댓값은 서로 같다.

07 다음 글로부터 추론할 수 없는 것은?

자본주의 시장은 모든 것을 상품화, 즉 가격으로 환원하는 시장체제에 의해 작동된다. 노동시장을 통해서 상품화되는 노동력은 여타 상품과는 달리 재고로 쌓여 있을 수 없으며 끊임없이 재생산되어야 한다. 따라서 상품화에 실패할 때 재생산의 위기, 곧 그 소유주인 노동자의 생존에 위기가 초래된다. 문제는 자본주의라는 생산체제는 거기에 내재된 본래적 결함으로 인하여 자신의 노동력을 절실히 상품화시키는 데 실패한 시장 탈락자들을 체계적이고 대규모로 발생시킨다는 점이다. 장애인이나 노약자는 논외로 하더라도, 실업자뿐 아니라 저임이나 불안정 고용에 시달리는 노동자들이 바로 그들이다. 탈상품화란 재생산이라는 절박한 필요로 인하여 쉽사리 시장으로부터 철수되어서는 안 되지만 현실에서는 빈번히 철수되거나 철수의 위험 혹은 위협에 직면해 있는 노동이 '비인격적 시장의 작동 원리로부터 독립할 수 있는 정도'로 정의될 수 있다. 이러한 개념을 확장하면, 복지체계란 하나의 탈상품화 체계이며, 비자발적으로 시장에서 밀려난 자들이 자신의 노동력을 상품화하지 않고도 최소 생활을 영위할 수 있게 하는 사회적 장치인 것이다. 그리고 모든 복지국가는 복지 지출의 종류와 규모, 복지 대상의 선정, 복지 공여의 방식 등에 따라 탈상품화에서 다양한 양적 · 질적 차이를 보인다.

물론 우리는 탈상품화를 위하여 기업연금이나 개인연금과 같은 민간 부문에 의존할 수 있다. 그러나 민간 부문의 장치들은 기여와 급여에서 대부분 보험식 산정에 입각한, 즉 화폐관계(cash−nexus)의 연장선상에 있기 때문에 화폐관계의 그물인 시장 밖으로 밀려난 사람들을 위한 탈상품화 장치로 기능하기에는 뚜렷한 한계를 보인다. 더욱이 세계화 담론의 범람과 더불어 양산되며 전통적 계급 스펙트럼 밖에 위치하는 이른바 저변 계급 혹은 만성적 복지 의존 계층에게 민간 보험상품이란, 그렇지 않아도 핍진한 현재적 소비자원을 희생해야만 구입이 가능한, 접근 자체가 원천적으로 힘겨운 사치품일 뿐이다. 따라서 여기에서 다루는 복지국가란 일차적으로 '국가' 복지와 관련된 개념이다.

① 민간보험이 고도로 발달되어 있더라도 복지국가로 단정하기는 어렵다.
② 자본주의 사회에서 노동자는 생존을 위해 끊임없는 노동의 상품화를 필요로 한다.
③ 시장이 낳은 빈곤과 불평등의 문제는 시장 외부, 즉 국가의 개입을 통해 완화되거나 해소되어야 한다.
④ 복지체계를 강화하기 위해서는 민간 보험상품에 대한 규제를 완화해야 한다.

정답 07 ④

정답 해설 첫째 단락의 후반부에서 '복지체계란 하나의 탈상품화 체계이며, 비자발적으로 시장에서 밀려난 자들이 자신의 노동력을 상품화하지 않고도 최소 생활을 영위할 수 있게 하는 사회적 장치'라 하였고, 둘째 단락에서 민간 보험상품은 저변 계급 혹은 만성적 복지 의존 계층에게 현재적 소비자원을 희생해야만 구입이 가능한 사치품일 뿐이며, 글에서 다루는 복지국가란 '국가'의 복지와 관련된 개념이라 하였다. 따라서 민간 보험상품에 대한 지나친 규제는 합리적인 완화가 필요한 부분이긴 하지만, 복지체계를 강화하기 위해 민간 보험상품에 대한 규제를 완화해야 한다는 것은 글을 통해 추론할 수 있는 방향과는 거리가 멀다.

08 다음 글의 괄호 안에 들어갈 내용으로 가장 적절한 것은?

현상의 원인을 찾는 방법들 가운데 최선의 설명을 이용하는 방법이 있다. 우리는 주어진 현상을 일으키는 원인을 찾아 이 원인이 그 현상을 일으켰다고 말함으로써 현상을 설명하곤 한다. 우리는 여러 가지 가능한 설명들 중에서 가장 좋은 설명에 나오는 원인이 현상의 진정한 원인이라고 결론 지을 수 있다.

지구에 조수 현상이 있는데 이 현상의 원인은 무엇일까? 우리는 조수 현상을 일으킬 수 있는 원인들을 일종의 가설로서 설정할 수 있다. 만일 지구의 물과 달 사이에 중력이나 자기력 같은 인력이 작용한다면, 이런 인력은 지구에 조수 현상을 일으키는 원인일 수 있다. 지구와 달 사이에 유동 물질이 있고 그 물질이 지구를 누른다면, 이런 누름은 지구에 조수 현상을 일으키는 원인일 수 있다. 지구가 등속도로 자전하지 않아 지구 전체가 흔들거린다면, 이런 지구의 흔들거림은 지구에 조수 현상을 일으키는 원인일 수 있다.

우리는 이런 설명들에 견주어 어떤 것이 다른 것보다 낫다는 것을 언제든 주장할 수 있으며, 나은 순으로 줄을 세워 가장 좋은 설명을 찾을 수 있다. 우리는 조수 현상에 대한 설명들로, 지구의 물과 달 사이의 인력 때문에 조수가 생긴다는 설명, 지구와 달 사이의 물질이 지구를 누르기 때문에 조수가 생긴다는 설명, 지구 전체의 흔들거림 때문에 조수가 생긴다는 설명을 갖고 있다. 이 설명들 가운데 지구 전체의 흔들거림 때문에 조수가 생긴다는 설명보다 지구와 달 사이의 물질이 지구를 누르기 때문에 조수가 생긴다는 설명이 더 낫지만 (   ) 따라서 우리는 조수 현상의 원인이 지구의 물과 달 사이에 작용하는 인력이라고 결론 내릴 수 있다.

① 지구의 물과 달 사이의 인력 때문에 조수가 생긴다는 설명보다 지구 전체의 흔들거림 때문에 조수가 생긴다는 설명이 더 낫다.

② 지구와 달 사이의 물질이 지구를 누르기 때문에 조수가 생긴다는 설명보다 지구 전체의 흔들거림 때문에 조수가 생긴다는 설명이 더 낫다.

③ 지구의 물과 달 사이의 인력 때문에 조수가 생긴다는 설명보다 지구와 달 사이의 물질이 지구를 누르기 때문에 조수가 생긴다는 설명이 더 낫다.

④ 지구와 달 사이의 물질이 지구를 누르기 때문에 조수가 생긴다는 설명보다 지구의 물과 달 사이의 인력 때문에 조수가 생긴다는 설명이 더 낫다.

정답 해설 제시문은 지구의 조수 현상의 원인을 설명하고, 빈칸 다음에서 조수 현상의 원인이 지구의 물과 달 사이에 작용하는 인력이라는 결론을 내리고 있다. 먼저 둘째 단락에서 제시된 조수 현상의 원인을 설명하는 이론(가설)은 다음과 같다.

A : 지구의 물과 달 사이에 중력이나 자기력 같은 인력이 작용한다.

B : 지구와 달 사이에 유동 물질이 있고 그 물질이 지구를 누른다.

C : 지구가 등속도로 자전하지 않아 지구 전체가 흔들거린다.

셋째 단락에서는 각각의 가설을 비교하고 있는데, 빈칸의 바로 앞에서 '이 설명들 가운데 지구 전체의 흔들거림 때문에 조수가 생긴다는 설명보다 지구와 달 사이의 물질이 지구를 누르기 때문에 조수가 생긴다는 설명이 더 낫다'라고 하였다. 이는 "C＜B"로 표현할 수 있다. 그리고 빈칸 다음에서 '우리는 조수 현상의 원인이 지구의 물과 달 사이에 작용하는 인력이라고 결론 내릴 수 있다'라고 하였다. 이는 '원인은 결론적으로 "A"이다'로 표현할 수 있다. 따라서 빈칸에는 삼단논법의 전개상 "B＜A"가 오는 것이 맞다. 따라서 빈칸에 들어갈 내용으로 가장 적절한 것은 ④이다.

[09~10] 다음 글을 읽고 이어지는 물음에 답하시오.

어떤 물체가 물이나 공기와 같은 유체 속에서 자유 낙하할 때 물체에서는 중력, 부력, 항력이 작용한다. 중력은 물체의 질량에 중력 가속도를 곱한 값으로 물체가 낙하하는 동안 일정하다. 부력은 어떤 물체에 의해서 배제된 부피만큼 유체의 무게에 해당하는 힘으로 항상 중력의 반대 방향으로 작용한다. 빗방울에 작용하는 부력의 크기는 빗방울의 부피에 해당하는 공기의 무게이다. 공기의 밀도는 물의 밀도의 1,000분의 1 수준이므로 빗방울이 공기 중에서 떨어질 때 부력이 빗방울의 낙하 운동에 영향을 주는 정도는 미미하나 스티로폼 입자와 같이 밀도가 매우 작은 물체가 낙하할 경우에는 부력이 물체의 낙하 속도에 큰 영향을 미친다.

물체가 유체 내에 정지해 있을 때와는 달리, 유체 속에서 운동하는 경우에는 물체의 운동에 저항하는 힘인 항력이 발생하는데 이 힘은 물체의 운동 방향과 반대로 작용한다. 항력은 유체 속에서 운동하는 물체의 속도가 커질수록 이에 상응하여 커지며 항력은 마찰 항력과 압력 항력의 합이다. 마찰 항력은 유체의 점성 때문에 물체의 표면에 가해지는 항력으로, 유체의 점성이 크거나 물체의 표면이 클수록 커진다. 압력 항력은 물체가 이동할 때 물체의 전후방에 생기는 압력 차이에 의해 생기는 항력으로 물체의 운동 방향에서 바라본 물체의 단면적이 클수록 커진다. 안개비의 빗방울이나 미세 먼지와 같이 작은 물체가 낙하하는 경우에는 물체의 전후방에 생기는 압력차가 매우 작아 마찰 항력이 전체 항력의 대부분을 차지하며 빗방울의 크기가 커지면 전체 항력 중 압력 항력이 차지하는 비율이 점점 커진다.

반면 스카이다이버와 같이 큰 물체가 빠른 속도로 떨어질 때에는 물체의 전후방에 생기는 압력 차에 의한 압력 항력이 매우 크므로 마찰 항력이 전체 항력에 기여하는 비중은 무시할 만 하다.

빗망울이 낙하할 때 처음에는 중력 때문에 빗방울의 낙하 속도가 점점 증가하지만, 이에 따라 항력도 커지게 되어 마침내 항력과 부력의 합이 중력의 크기와 같아지며 이 때 물체의 가속도가 0이 되므로 빗방울의 속도는 일정해지는데, 이렇게 일정해진 속도를 종단 속도라 한다. 유체 속에서 상승하거나 지면과 수평으로 이동하는 물체의 경우에도 종단 속도가 나타나는 것은 이동 방향으로 작용하는 힘과 반대 방향으로 작용하는 힘의 평형에 의한 것이다.

09 윗글을 바탕으로 다음과 같이 탐구한 내용으로 가장 적절한 것은?

크기와 모양은 같으나 밀도가 서로 다른 구 모양의 물체 A와 B를 공기 중에 고정하였다. 이때 물체 A와 B의 밀도는 공기보다 작으며 물체 B의 밀도는 물체 A보다 더 크다. 물체 A와 B를 놓아 주었더니 두 물체 모두 속도가 상승하다가, 각각 어느 정도 시간이 지난 후 각각 다른 일정한 속도를 유지한 채 계속 상승하였다.(단, 두 물체는 공기나 다른 기체 중에서 크기와 밀도가 유지되도록 제작되었고, 물체 운동에 영향을 줄 수 있는 기체의 흐름과 같은 외적 요인들이 모두 제거되었다고 가정한다.)

① A와 B가 고정되어 있을 때에는 A에 작용하는 항력이 B에 작용하는 항력보다 더 작겠군.
② A에 작용하는 부력과 중력의 크기 차이는 A의 속도가 증가하고 있을 때보다 A가 고정되어 있을 때 더 크겠군.
③ A와 B 모두 일정한 속도에 도달하기 전에 속도가 증가하는 것으로 보아 A와 B에 작용하는 항력이 점점 감소하기 때문에 일정한 속도에 도달하는 것이로군.
④ 공기보다 밀도가 더 큰 기체 내에서 B가 상승하여 일정한 속도를 유지할 때 B에 작용하는 항력은 공기 중에서 상승하여 일정한 속도를 유지할 때 작용하는 항력보다 더 크겠군.

정답 해설 두 번째 단락에서 항력은 물체의 운동에 저항하는 힘인데 특히 마찰 항력은 유체의 점성에 비례한다고 한다. 그러나 첫 번째 단락을 보면 유체란 공기와 물 모두를 가리키는 것인데 밀도가 큰 공기를 유체의 점성이 높다고 보면 옳은 말이다.

오답 해설 ① B의 밀도가 더 크기 때문에 B의 상승 속도가 더 작으므로 물체의 운동에 저항하는 힘인 항력은 A가 더 클 것이다.
② 부력과 중력은 일정하므로 이 둘의 크기 차이는 항상 일정할 것이다.
③ 네 번째 단락에 의하면 낙하할 때에는 중력 때문에 속도가 증가하지만 상승할 때에는 중력이 아니라 뜨려는 힘인 부력 때문이라는 것을 유추할 수 있고 항력은 보조하는 힘이기 때문에 틀린 내용이다.

10 윗글을 통해 알 수 있는 내용으로 가장 적절한 것은?

① 균일한 밀도의 액체 속에 완전히 잠겨 있는 쇠막대에 작용하는 부력은 서 있을 때보다 누워 있을 때가 더 크다.

② 균일한 밀도의 액체 속에서 낙하하는 동전에 작용하는 부력은 항력의 크기에 상관없이 일정한 크기를 유지한다.

③ 낙하하는 물체의 속도가 종단 속도에 이르게 되면 그 물체의 가속도는 중력 가속도와 같아진다.

④ 스카이다이버가 낙하 운동할 때에는 마찰 항력이 전체 항력의 대부분을 차지한다.

정답 해설 첫 번째 문단에서 부력은 어떤 물체에 의해 배제된 부피만큼 유체의 무게에 해당하는 힘이다. 따라서 항력의 크기에 상관없이 유체의 무게에 따라 항상 일정하다.

오답 해설 ① 부력의 정의에 따라서 서 있거나 누워 있거나에 상관없이 항상 일정하다.
③ 종단 속도에 이른 물체의 가속도는 0이 된다.
④ 큰 물체가 낙하할 때에는 압력의 항력이 전체 항력의 대부분을 차지한다.

11 다음 지문의 빈칸에 들어갈 말로 올바른 것은?

제목 : 소비 생활과 인격

서론 : 소비 생활의 일반화

1. 모든 생활인의 소비 주체화
2. 소비 생활과 관련된 정보 범람
3. 일상 속 소비의 공간과 시간 증가

본론 : 1. 소비 현상에 나타난 현대인의 모습

1) 부정적 모습 : 자아를 상실한 채 소비하는 모습
2) 긍정적 모습 : 자아를 확립하여 소비하는 모습

2. 소비에 다스림을 당하는 인격

1) 충동적 소유욕으로 인해 소비 통제를 못하는 사람
2) 허영적 과시욕으로 인해 소비 통제를 못하는 사람

3. 소비를 다스리는 인격
1) 생산성 향상을 위해 소비를 능동적으로 추구하는 사람
2) 절약을 위해 소비를 적극적으로 억제하는 사람

결론 : (㉮)
1) (㉯)
2) (㉰)

① ㉮ 주체적 소비 철학 확립
㉯ 소비 생활이 곧 인격
㉰ 소비 생활에서의 건전한 인격 확립

② ㉮ 근검절약하는 생활 습관 확립
㉯ 소비의 억제와 과소비 추방
㉰ 미덕의 발휘

③ ㉮ 편리성을 추구하는 소비 지향
㉯ 소비 생활의 편의성 추구
㉰ 절약하는 소비 생활

④ ㉮ 소비 습관의 교정
㉯ 미덕으로서의 검약과 절제
㉰ 첨단 기술에 의존하는 소비 생활

정답 해설 소비를 단순히 억제 또는 조장하기보다는 자아를 확립한 소비를 강조하고, 소비를 긍정적 · 주체적으로 활용할 것을 제시하고 있으므로 소비 현상에 있어서는 '주체적 소비 철학의 확립'이 결론에서 제시할 수 있는 주제어로 적합하다. 또한 소비와 인격의 관계에서 소비에 지배되는 인격이 아니라 스스로 소비를 다스릴 수 있는 건전한 인격이 필요하다는 내용이 적합하다.

12 주어진 개요를 읽고 ㉮, ㉯에 들어갈 알맞은 단어를 고른 것은?

제목 : 우리나라의 수출 경쟁력 향상 전략

주제 : 수출 경쟁력 향상을 위해서는 (㉮)과/와 (㉯)을/를 동시에 강화하는 데 힘써야 한다.

서론 : 1. 수출 실적과 수출 경쟁력의 상관성

2. 수출 경쟁력의 실태 분석

1) (㉮)

ㄱ. 제조 원가 상승

ㄴ. 고금리

ㄷ. 환율 불안정

2) (㉯)

ㄱ. 연구 개발 소홀

ㄴ. 품질 불량

ㄷ. 판매 후 서비스 부족

ㄹ. 납기의 지연

결론 : 분석 결과의 요약 및 수출 경쟁력 향상 방안 제시

① ㉮ 가격 경쟁력 요인 ㉯ 비가격 경쟁력 요인
② ㉮ 가격 경쟁력 요인 ㉯ 수출 경쟁력 요인
③ ㉮ 비수출 경쟁력 요인 ㉯ 비가격 경쟁력 요인
④ ㉮ 비수출 경쟁력 요인 ㉯ 수출 경쟁력 요인

정답 해설 ㉮의 제조 원가 상승, 고금리, 환율 불안정은 가격 경쟁에 해당되고, ㉯의 연구 개발 소홀, 품질 불량, 판매 후 서비스 부족, 납기의 지연은 비가격 경쟁에 해당된다.

13 다음 제시된 글에 이어서 문맥에 맞게 글을 배열할 때 가장 적절한 것은?

욕은 공격성의 표현이자, 말로 하는 폭력이다. 아이가 욕을 배워 친구 앞에서 욕을 하는 것은 어른 세계에 대한 반항이자 거기서 벗어나고 싶다는 표현이다.

(가) 그들이 집회에서 내뱉는 폭언은 자신들과 기성세대의 차이를 분명하게 구분 짓는 행동 양식이었고 기성세대와는 다른 그들만의 독자성을 가진 집단을 만들어 내기 위한 방법이었다.

(나) 그러나 욕은 특수 용어가 아니다. 특수 용어는 개념을 더 정확하게 나타내고 미묘한 뉘앙스 차이를 분명하게 하며 언어 그 자체를 약화시키는 것이 아니라 오히려 이해에 도움을 주는 것이다. 하지만 욕과 같은 추한 말은 언어를 저하시키고 못쓰게 만든다.

(다) 1968년 이탈리아에서 학생운동이 시작되었을 당시, 학생들이 귀에 담기에 힘든 폭언을 내뱉은 것도 같은 이유에서였고 자신들은 규범을 깨뜨릴 것이며 이제 기성세대와 국가 권력에 따르지 않겠다는 성명이었다. 학생 집회에 참가했던 사람들은 놀라서 그 자리에 못이 박히고 말았다. 입만 열면 욕설이 난무하는 집단 속에서는 말을 할 수가 없었고 바보나 멍청이로밖에 보이지 않을 것이기 때문이었다. 그렇다고 해서 학생들 흉내를 내며 학생들 편에 설 수도 없었다.

(라) 어떤 집단이나 직업에도 특수한 말이 있다. 의사, 변호사, 공증인 등 이들이 외부 사람들이 알아듣기 어려운 전문 용어를 쓰는 것은 동료 간의 의사소통에 편리할 뿐만 아니라 타 분야와 확실히 구별을 짓고 싶기 때문이다. 그래서 화자가 특수 용어를 쓰지 않고 일반적인 말을 쓰면 그 분야 사람들은 화를 낸다. 배신당한 기분이 들기 때문이다.

① (다)－(가)－(나)－(라)
② (다)－(가)－(라)－(나)
③ (라)－(나)－(가)－(다)
④ (라)－(나)－(다)－(가)

(다) 제시된 첫째 단락에서 '아이가 욕을 배워 친구 앞에서 욕을 하는 것은 어른 세계에 대한 반항이자 거기서 벗어나고 싶다는 표현이다'라고 하여 아이가 욕을 하는 이유에 대해 설명하였는데, (다)의 첫 문장인 '1968년 이탈리아에서 학생운동이 시작되었을 당시, 학생들이 귀에 담기에 힘든 폭언을 내뱉은 것도 같은 이유에서였다'의 '같은 이유'는 앞의 이유와 연결될 수 있다. 또한 (다)의 이유에 해당하는 '자신들은 규범을 깨뜨릴 것이며 이제 기성세대와 국가 권력에 따르지 않겠다'는 것은 첫째 단락의 '어른 세계에 대한 반항이자 거기서 벗어나고 싶다'와 내용상 연결된다. 따라서 첫째 단락에 바로 연결될 수 있는 것은 (다)이다.

정답 12 ① | 13 ②

(가) 첫 문장인 '그들이 집회에서 내뱉는 폭언은 자신들과 기성세대의 차이를 분명하게 구분 짓는 행동 양식이었다'에서 말하는 '그들'은 글의 내용상 (다)의 '학생들'이 된다. 따라서 (다) 다음에는 (가)가 연결되어야 한다.

(라) (가) 단락의 '기성세대와는 다른 그들만의 독자성을 가진 집단'에서 '집단'과 연결되는 내용은 (라)이다. 내용상 (라)의 '어떤 집단이나 직업에도 특수한 말이 있다. … 타 분야와 확실히 구별을 짓고 싶기 때문이다'는 것도 (가)와 관련된 부연 설명이 된다.

(나) (나)의 '그러나 욕은 특수 용어가 아니다. 특수 용어는 개념을 더 정확하게 나타내고 미묘한 뉘앙스 차이를 분명하게 한다'는 부분에서 사용된 '특수 용어'는 내용상 (라)의 '특수 용어'에 대한 설명과 연결된다.

[14~15] 다음은 전자금융거래법의 법령이다. 법령을 읽고 이어지는 질문에 답하시오.

1장 제2절 (정의)

1. "전자금융거래"라 함은 금융회사 또는 전자금융업자가 전자적 장치를 통하여 금융상품 및 서비스를 제공(이하 "전자금융업무"라 한다)하고, 이용자가 금융회사 또는 전자금융업자의 종사자와 직접 대면하거나 의사소통을 하지 아니하고 자동화된 방식으로 이를 이용하는 거래를 말한다.
2. "전자지급거래"라 함은 자금을 주는 자(이하 "지급인"이라 한다)가 금융회사 또는 전자금융업자로 하여금 전자지급수단을 이용하여 자금을 받는 자(이하 "수취인"이라 한다)에게 자금을 이동하게 하는 전자금융거래를 말한다.
3. "금융회사"란 다음 각 목의 어느 하나에 해당하는 기관과 단체 또는 사업자를 말한다.
   가. 「금융위원회의 설치 등에 관한 법률」 제38조제1호부터 제5호까지, 제7호 및 제8호에 해당하는 기관
   나. 「여신전문금융업법」에 따른 여신전문금융회사
   다. 「우체국예금 · 보험에 관한 법률」에 따른 체신관서
   라. 「새마을금고법」에 따른 새마을금고 및 새마을금고중앙회
   마. 그 밖에 법률의 규정에 따라 금융업 및 금융 관련 업무를 행하는 기관이나 단체 또는 사업자로서 대통령령이 정하는 자
4. "전자금융업자"라 함은 제28조의 규정에 따라 허가를 받거나 등록을 한 자(금융회사는

제외한다)를 말한다.

5. "전자금융보조업자"라 함은 금융회사 또는 전자금융업자를 위하여 전자금융거래를 보조하거나 그 일부를 대행하는 업무를 행하는 자 또는 결제중계시스템의 운영자로서 「금융위원회의 설치 등에 관한 법률」 제3조에 따른 금융위원회(이하 "금융위원회"라 한다)가 정하는 자를 말한다.
6. "결제중계시스템"이라 함은 금융회사와 전자금융업자 사이에 전자금융거래정보를 전달하여 자금정산 및 결제에 관한 업무를 수행하는 금융정보처리운영체계를 말한다.
7. "이용자"라 함은 전자금융거래를 위하여 금융회사 또는 전자금융업자와 체결한 계약(이하 "전자금융거래계약"이라 한다)에 따라 전자금융거래를 이용하는 자를 말한다.
8. "전자적 장치"라 함은 전자금융거래정보를 전자적 방법으로 전송하거나 처리하는데 이용되는 장치로서 현금자동지급기, 자동입출금기, 지급용단말기, 컴퓨터, 전화기 그 밖에 전자적 방법으로 정보를 전송하거나 처리하는 장치를 말한다.
9. "전자문서"라 함은 「전자문서 및 전자거래 기본법」제2조제1호에 따른 작성, 송신 · 수신 또는 저장된 정보를 말한다.
10. "접근매체"라 함은 전자금융거래에 있어서 거래지시를 하거나 이용자 및 거래내용의 진실성과 정확성을 확보하기 위하여 사용되는 다음 각 목의 어느 하나에 해당하는 수단 또는 정보를 말한다.

… 중략 …

제4조 (상호주의)

외국인 또는 외국법인에 대하여도 이 법을 적용한다. 다만, 대한민국 국민 또는 대한민국 법인에 대하여 이 법에 준하는 보호를 하지 아니하는 국가의 외국인 또는 외국법인에 대하여는 그에 상응하여 이 법 또는 대한민국이 가입하거나 체결한 조약에 따른 보호를 제한할 수 있다.

제2장 제2절 전자지급 거래 등

제13조 (지급의 효력발생시기) 과태료

① 전자지급수단을 이용하여 자금을 지급하는 경우에는 그 지급의 효력은 다음 각 호의 어느 하나에서 정한 때에 생긴다. [개정 2013.5.22, 2014.10.15] [[시행일 2015.10.16]]

1. 전자자금이체의 경우 : 거래지시된 금액의 정보에 대하여 수취인의 계좌가 개설되어 있는 금융회사 또는 전자금융업자의 계좌의 원장에 입금기록이 끝난 때

2. 전자적 장치로부터 직접 현금을 출금하는 경우 : 수취인이 현금을 수령한 때
3. 선불전자지급수단 및 전자화폐로 지급하는 경우 : 거래 지시된 금액의 정보가 수취인이 지정한 전자적 장치에 도달한 때
4. 그 밖의 전자지급수단으로 지급하는 경우 : 거래 지시된 금액의 정보가 수취인의 계좌가 개설되어 있는 금융회사 또는 전자금융업자의 전자적 장치에 입력이 끝난 때

② 총자산 등을 감안하여 대통령령으로 정하는 금융회사 또는 전자금융업자는 이용자가 원하는 경우 대통령령으로 정하는 절차와 방법에 따라 이용자가 거래지시를 하는 때부터 일정 시간이 경과한 후에 전자자금이체의 지급 효력이 발생하도록 하여야 한다. [신설 2014.10.15] [[시행일 2015.10.16]]

제16조 (전자화폐의 발행과 사용 및 환금) 관련사례

① 전자화폐를 발행하는 금융회사 또는 전자금융업자(이하 "전자화폐발행자"라 한다)는 전자화폐를 발행할 경우 접근매체에 식별번호를 부여하고 그 식별번호와 「금융실명거래 및 비밀보장에 관한 법률」 제2조제4호에서 규정한 이용자의 실지명의(이하 "실지명의"라 한다) 또는 예금계좌를 연결하여 관리하여야 한다. 다만, 발행권면 최고한도가 대통령령이 정하는 금액 이하인 전자화폐의 경우에는 그러하지 아니하다. [개정 2013.5.22] [[시행일 2013.11.23]]

② 전자화폐발행자는 현금 또는 예금과 동일한 가치로 교환하여 전자화폐를 발행하여야 한다.

③ 전자화폐발행자는 전자화폐보유자가 전자화폐를 사용할 수 있도록 발행된 전자화폐의 보관 및 사용 등에 필요한 조치를 하여야 한다.

④ 전자화폐발행자는 전자화폐보유자의 요청에 따라 전자화폐를 현금 또는 예금으로 교환할 의무를 부담한다.

⑤ 제1항 내지 제4항의 규정에 따른 전자화폐의 발행 · 교환의 방법 및 절차에 관하여는 대통령령으로 정한다.

제18조 (전자화폐 등의 양도성)

① 선불전자지급수단 보유자 또는 전자화폐 보유자는 발행자와의 약정에 따라 선불전자지급수단 또는 전자화폐를 타인에게 양도하거나 담보로 제공할 수 있다.

② 제1항의 규정에 따라 선불전자지급수단 또는 전자화폐를 양도하거나 담보로 제공하는 경우에는 반드시 발행자의 중앙전산시스템을 경유하여야 한다. 다만, 실지명의가 확인되지 아니하는 선불전자지급수단 또는 제16조제1항 단서의 규정에 따른 전자화폐의 경우에는 그러하지 아니하다.

14 다음 중 위 법령과 관련된 설명으로 옳지 않은 것은?

① "전자금융거래"라 함은 금융회사 또는 전자금융업자가 전자적 장치를 통하여 금융상품 및 서비스를 제공하고, 이용자가 금융회사 또는 전자금융업자의 종사자와 직접 대면하거나 의사소통을 하지 아니하고 자동화된 방식으로 이를 이용하는 거래를 말한다.

② "전자문서"라 함은 「전자문서 및 전자거래 기본법」에 따른 작성, 송신 · 수신 또는 저장된 정보를 말한다.

③ "전자금융보조업자"라 함은 금융회사 또는 전자금융업자를 통제하기 위하여 전자금융거래를 직접 관리하거나 그 일부를 대행하는 업무를 행하는 자를 말한다.

④ "결제중계시스템"이라 함은 금융회사와 전자금융업자 사이에 전자금융거래정보를 전달하여 자금정산 및 결제에 관한 업무를 수행하는 금융정보처리 운영체계를 말한다.

정답 해설 "전자금융보조업자"라 함은 금융회사 또는 전자금융업자를 위하여 전자금융거래를 보조하거나 그 일부를 대행하는 업무를 행하는 자를 말한다.

15 전자지급 거래에 대하여 바르게 설명한 것은?

① 전자화폐를 발행하는 금융회사 또는 전자금융업자는 전자화폐를 발행할 경우 예외 없이 식별번호를 부여하고 식별번호와 이용자의 실지면의 또는 예금계좌를 연결해서 관리해야 한다.

② 전자화폐발행자는 현금 또는 예금과 다르게 현재 물가에 맞는 가치로 교환하여 전자화폐를 발행해야 한다.

③ 선불전가지급수단 보유자와 전자화폐 보유자라도 선불전자지급수단 또는 전자화폐를 타인에게 양도하거나 담보로 제공할 수 없다.

④ 선불전자지급수단 또는 전자화폐를 양도하거나 담보로 제공하는 경우에는 반드시 발행자의 중앙전산시스템을 경유하여야 한다. 다만, 실지명의가 확인되지 아

정답 14 ③ | 15 ④

니하는 선불전자지급 수단 등의 규정에 따른 전자화폐의 경우에는 그러하지 아니하다.

정답 해설 제18조 제2항의 내용에서 '선불전자지급수단 또는 전자화폐를 양도하거나 담보로 제공하는 경우에는 반드시 발행자의 중앙전산시스템을 경유하여야 한다. 다만, 실지명의가 확인되지 아니하는 선불전자지급수단 또는 제16조 제1항 단서의 규정에 따른 전자화폐의 경우에는 그러하지 아니하다'라 밝히고 있으므로 답은 ④이다.

오답 해설

① 제16조 제1항에서 '전자화폐를 발행하는 금융회사 또는 전자금융업자는 전자화폐를 발행할 경우 접근매체에 식별번호를 부여하고 그 식별번호와 「금융실명거래 및 비밀보장에 관한 법률」에서 규정한 이용자의 실지명의 또는 예금계좌를 연결하여 관리하여야 한다. 다만, 발행권면 최고한도가 대통령령이 정하는 금액 이하인 전자화폐의 경우에는 그러하지 아니한다'라 밝히고 있으므로 모든 전자화폐를 예외 없이 똑같이 취급한다는 설명과 일치하지 않는다.

② 제16조 제2항에서 '전자화폐발행자는 현금 또는 예금과 동일한 가치로 교환하여 전자화폐를 발행하여야 한다'라 밝히고 있으므로 현금 또는 예금과 다르게 현재 물가에 맞는 가치로 교환하여 발행해야 한다는 설명과 일치하지 않는다.

③ 제18조 제1항에서 '선불전자지급수단 보유자 또는 전자화폐 보유자는 발행자와의 약정에 따라 선불전자지급수단 또는 전자화폐를 타인에게 양도하거나 담보로 제공할 수 있다'라 밝히고 있으므로 선불전가지금수단 보유자와 전자화폐 보유자라도 타인에게 양도하거나 담보로 제공할 수 없다는 설명과 일치하지 않는다.

[16~17] 다음 지문을 읽고 이어지는 질문에 답하시오.

일반적으로 한 국가의 힘은 경제적 · 군사적 · 정치적 힘의 크기로 표현될 수 있다. 이러한 국가의 힘이 국가 간의 협상에 미치는 영향에 관해서는 두 가지 의견이 대립하는데 하나는 현실주의적 입장이고, 다른 하나는 자유주의적 입장이다.

현실주의적 입장에서는 국가 간의 협상에 있어서 협상력은 기본적으로 국가의 힘에 의하여 좌우된다고 본다. 이들의 견해에 따르면 소위 강대국과 개도국의 협상에서는 강대국이 항상 유리한 위치에 있을 수밖에 없다. 강대국은 자신들이 가지고 있는 압도적인 힘을 이용하여 협상에 대한 개도국의 기대를 자신들에게 유리한 방향으로 바꿀 수 있기 때문이라는 것이다.

그러나 자유주의적 입장은 이와 다르다. 자유주의적 입장은 협상의 결과를 설명하기 위해서는 먼저 협상의 구조적인 면과 절차적인 면을 동시에 고려해야 한다고 본다. 이들은 구조적인 면에 대하여 상대국과 개도국이라는 일반적인 힘이 중요한 것이 아니라 특정 협상의 주체와 관련된 힘이 중요하다고 설명한다. 특정 주체와 관련된 힘이란 협상 테이블에 오른 아주 구체적인 협상의 대상과 관련된 힘을 의미한다. 대부분의 경우 이 힘은 협상 대상과 관련된 자원, 즉 해당 산업의 규모 · 고용 · 국가 경제상의 위치 · 상대국에 대한 시장 접근도 등에서 나온다. 다시 말해 강대국이 가진 국가 전체의 경제력은 개도국보다 월등할지 모르나 특정 산업에 있어서는 그렇지 않을 수 있다는 것이다. 예컨대, 미국은 쿠바보다 힘센 나라지만 궐련의 생산에 있어서는 쿠바보다 떨어지고, 마찬가지로 고무의 생산에 있어서는 말레이시아에 떨어진다.

협상의 절차적인 면이란 협상의 전술을 의미한다. 협상의 전술이란 협상 과정에서 자신의 자원을 효과적으로 사용하기 위하여 동원하는 협상을 고의로 기피하거나 연기하기, 다른 협상 의제와 연결시켜 처리할 것을 주장하기, 자국 내부의 사정을 내세워 호소하기 등과 같은 방법을 의미한다.

자유주의적 입장은 구조와 절차의 두 측면을 고려하여 "협상력을 결정하는 주요 변수는 구조적 요소가 가지는 '특정 주제와 관련된 힘'과 절차적 요소가 가지는 '협상전술'이다."라고 결론을 짓는다. 이에 따라 약소국도 강대국과의 협상에서 유리한 고지를 차지하거나 협상에서 이길 수 있다는 것이다. 메리스 로버트라는 학자는 사례 분석을 통하여 이러한 결론을 적절하게 뒷받침한 바 있다. 그는 자원과 전술을 적절히 조화시킬 경우 약소국도 강대국과의 협상에서 이길 수 있지만, 이 두 가지 요소 중 하나라도 빠질 경우 협상에서 이기는 것은 매우 어려운 일이라고 밝혔다.

자유주의적 입장대로 약소국이 강대국과의 협상에서 이기지 말라는 법은 없을 것이다. 그런 점에서 자유주의적 입장은 수긍할 만하다. 다만 자유주의적 입장을 따른다 하더라도 특정 주제와 관련된 힘과 강력한 전술은 단지 실제 협상에 임하는 협상가의 개인적 능력에 좌우되는 것이 아니다. 협상 주제와 관계된 힘과 협상의 전술은 협상에 임하는 국가가 자신의 내부에서 어떠한 국민적 합의 혹은 성과를 만들어내느냐에 달려 있다. 다시 말해 이 두 요인은 고정된 것이 아니라 국내의 협의 과정을 통해 향상시킬 수 있는 것이다. 그러한 의미에서 약소국은 강대국과의 협상을 시작하기 전에 내부의 협의 과정을 통해 자신의 협상력을 제고할 필요가 있다.

16 다음 중 지문의 밑줄 친 협상의 전술의 방법으로서 한 말로 적절하지 않은 것은?

① 우리 수출품에 매길 관세 비율에 대한 결정은 그쪽에서 우리나라에 수출하려는 상품에 대한 관세와 함께 결정해야 한다고 봅니다.

② 그쪽의 요구는 우리나라 정서에 큰 영향을 미칩니다. 이대로 진행하면 우리나라에 폭동이 일어날 수 있습니다.

③ 당신들이 요구한 조건으로는 협상이 어려워질 것 같습니다. 이 문제에 대해서는 차후 다시 협상해야 할 것 같습니다.

④ 이 제안은 매우 매력적입니다. 당장 계약을 체결하는 것이 어떻습니까?

정답해설 협상의 전술에 포함되지 않은 제안이다.

오답해설 ① 다른 협상 의제와 연결시켜 처리할 것을 주장하기에 속한다.
② 자국 내부의 사정을 내세워 호소하기에 속한다.
③ 협상을 고의로 기피하거나 연기하기에 속한다.

17 다음은 지문을 보고 팀원끼리 토론을 한 내용이다. 지문을 가장 잘 이해한 사람은?

A팀장 : 우리 기업은 규모도 크고 힘이 세니깐 자유주의적 입장에서 밀어붙이면 무조건 유리하겠는데?

B사원 : 저도 그렇게 생각합니다. 특히 협상을 고의로 피하면서 시간을 끌면 원하는 방향으로 갈 수 있겠어요.

C대리 : 무슨 소리입니까? 그 회사는 작아도 그 산업에 대한 자원이 많이 있는데, 좀 더 준비를 하는 것이 어떨까요?

D사원 : 대리님 말이 맞아요. 그래서 저희는 자원과 협상 전술 중 하나에 집중해서 협상을 이끌어야 해요.

① A팀장　　② B사원
③ C대리　　④ D사원

정답 해설 지문에서 자유주의적 입장에서는 대상과 관련된 자원이 중요하여 약소국이라도 자원을 이용한 특정산업이 월등할 수 있고, 협상 전술을 이용하면 유리한 협상을 이끌 수 있다고 하였다.

오답 해설 ① 현실주의적 입장의 내용이다.
② 협상의 전술 중 하나이며, A팀장의 의견에 동조하였다.
④ 메리스 박사는 자원과 협상 전술 중 하나라도 빠지면 협상에서 이기는 것이 매우 어렵다고 하였다.

18 다음 중 밑줄 친 단어의 의미와 가장 가까운 것은?

> 경찰의 손이 미치지 않는 곳으로 도망갔다.

① 그는 장사꾼의 손에 놀아날 정도로 세상 물정에 어둡다.
② 마감일이 이제 코앞으로 다가와서 더 이상 손을 늦출 수가 없다.
③ 대기업들이 온갖 사업에 손을 뻗치자 중소기업들은 설 곳을 잃게 되었다.
④ 손이 턱없이 부족해서 제 날짜에 물건을 납품하지 못하겠다.

정답 해설 제시된 문장에서의 '손'은 '어떤 사람의 영향력이나 권한이 미치는 범위'라는 의미를 지니며 ④의 '손'도 이러한 의미가 된다.

오답 해설 ① 여기서의 '손'은 '어떤 것을 마음대로 다루는 사람의 수완이나 꾀'의 의미이다.
② '손을 늦추다'는 '사람이 긴장을 풀고 일을 더디게 하다.'라는 관용적 표현이다.
④ 여기서의 '손'은 '농사일 따위의 육체적인 노동을 하기 위한 일손이나 품'을 의미한다.

19 다음 제시된 문장의 빈칸에 가장 들어갈 말로 가장 적합한 것은?

그는 병역을 (　　　)한 혐의로 조사를 받고 있다.

① 회피　　② 면피
③ 도피　　④ 기피

정답해설 '기피'는 '꺼리거나 싫어하여 피함' 또는 '어떤 대상이나 일 따위를 직접 하거나 부딪치기를 꺼리어 피함'을 의미한다.

오답해설
① '회피'는 '몸을 숨기고 만나지 아니함'을 의미한다.
② '면피'는 '면하여 피함'이라는 의미이다.
③ '도피'는 '도망하여 몸을 피함'을 의미한다.

20 다음 밑줄 친 부분과 관련된 사자성어로 알맞은 것은?

한나라 무제가 황제로 즉위하였을 때 그는 고조 때부터 맺어진 평화조약을 무시하고 북방을 수시로 침범하는 흉노족을 무력으로 응징하기 위해 대신들의 의견을 물었다. 그러자 어사대부 한안국이 말하길 "<u>아무리 강한 쇠뇌에서 발사된 화살도 끝에는 힘이 떨어져 얇은 비단조차 뚫을 수 없습니다.</u> 마찬가지로 우리 군사들이 강하다 한들 멀리 있는 그들의 초원까지 원정을 나가 싸운다면 어찌 쇠하지 않으오리까? 훗날을 기약하소서."라 아뢰며 출정을 반대하였다.

① 절차탁마(切磋琢磨)　　② 강노지말(强弩之末)
③ 풍찬노숙(風餐露宿)　　④ 개관사정(蓋棺事定)

정답해설 제시문은 '강노지말(强弩之末)'의 유래에 대해서 설명한 것으로 아무리 강력한 기세나 세력도 시간이 지날수록 나중에는 쇠약해진다는 뜻을 가지고 있다.

① 절차탁마(切磋琢磨)는 칼로 다듬고 줄로 쓸며 망치로 쪼고 숫돌로 간다는 뜻으로, 학문을 닦고 덕행을 수양하는 것을 비유하는 말이다.

③ 풍찬노숙(風餐露宿)은 바람 속에서 식사를 하고 이슬을 맞으며 잠을 이룬다는 뜻으로 곧 큰일을 이루려는 사람이 고초를 겪는 모양을 비유하는 말이다.

④ 개관사정(蓋棺事定)은 관의 뚜껑을 덮기 전에는 아무것도 알 수 없다는 뜻으로 사람의 운명이란 죽은 후에야 알 수 있다는 것을 비유하는 말이다.

21 다음과 같이 일정한 규칙에 따라 숫자를 나열했을 때 빈칸에 가장 알맞은 숫자는?

91 95 86 102 77 (   )

① 113　② 111
③ 109　④ 107

$91+4(=2^2)=95$
$95-9(=3^2)=86$
$86+16(=4^2)=102$
$102-25(=5^2)=77$
$77+36(=6^2)=(\quad)$
따라서 (   )=113이 된다.

22 어느 회사의 전체 직원 수가 작년에 남녀 합하여 1,800명이었을 때 금년에는 작년에 비하여 남자 직원은 8% 증가하고 여자 직원은 5% 감소하여 전체적으로는 14명이 늘었다면 이 회사의 금년 여자 직원 수는?

① 890명　② 920명
③ 950명　④ 970명

정답 해설 작년 남자 직원의 수를 x, 여자 직원의 수를 $1800-x$라 한다면 금년의 남자 직원은 8% 증가하고 여자 직원은 5% 감소하여 전체적으로 14명이 늘었으므로 증가한 남자 직원의 수에서 감소한 여자 직원의 수를 빼면 14명이다.

$0.08x-0.05(1800-x)=14$

따라서 $x=800$이므로 금년의 여자 직원 수는 $0.95\times1000=950$이다.

23 어느 회사의 체육대회에서 다음 조건과 같이 팀을 구성했을 때 경우의 수는?

- 신입사원은 여자 4명, 남자 6명이다.
- 신입사원 중 무작위로 5명을 뽑아 경기에 출전시킨다.

① 245가지 ② 252가지
③ 540가지 ④ 802가지

정답 해설 신입사원 10명 중 5명을 뽑는 경우의 수는 ${}_{10}C_5=\frac{10\times9\times8\times7\times6}{5\times4\times3\times2\times1}=252$가지이다.

[24~25] 다음은 어느 사이버 쇼핑몰의 지불결제 수단별 거래액에 대하여 조사한 결과이다. 표를 참고하여 물음에 답하시오.

지불결제 수단별 거래액 구성비

(단위 : %, %p)

구분	2019년 1월	2020년 1월	전월차(%p)	
			2019년 1월	2020년 1월
계	100.0(%)	100.0(%)		

온라인입금	28.5	30.0	2.0	1.0
신용카드	67.8	65.7	0.7	−1.2
전자화폐	0.8	0.8	0.2	0.1
기타	2.9	3.5	0.1	0.1

24 2019년 12월의 거래액 중 신용카드가 차지하는 비율은?

① 67.8%　　② 66.9%

③ 65.7%　　④ 64.5%

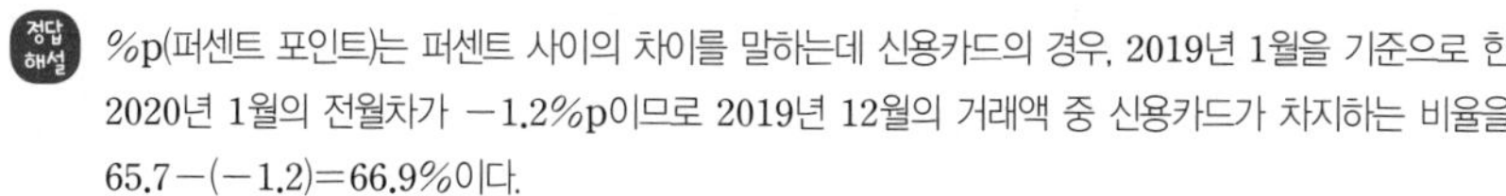
정답 해설 %p(퍼센트 포인트)는 퍼센트 사이의 차이를 말하는데 신용카드의 경우, 2019년 1월을 기준으로 한 2020년 1월의 전월차가 −1.2%p이므로 2019년 12월의 거래액 중 신용카드가 차지하는 비율을 65.7−(−1.2)=66.9%이다.

25 전년 동월과 비교했을 때, 2020년 1월의 거래액 중 온라인입금이 차지하는 비율의 증가 %p는?

① 1.5%p　　② 2%p

③ 3.5%p　　④ 4%p

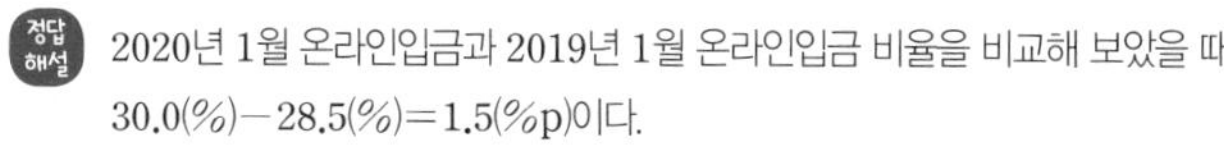
정답 해설 2020년 1월 온라인입금과 2019년 1월 온라인입금 비율을 비교해 보았을 때 30.0(%)−28.5(%)=1.5(%p)이다.

26

6명의 사원 A, B, C, D, E, F를 임의로 2명씩 짝을 지어 3개의 조로 편성하려고 한다. A사원과 B사원은 같은 조에 편성되고, C사원과 D사원이 서로 다른 조에 편성될 확률은?

① $\frac{1}{15}$　　② $\frac{2}{15}$

③ $\frac{3}{15}$　　④ $\frac{4}{15}$

정답 해설 6명을 2명, 2명, 2명으로 3개의 조로 편성하는 방법의 수는

${}_5C_2 \times {}_4C_2 \times {}_2C_2 \times \frac{1}{3!} = 15 \times 6 \times \frac{1}{6} = 15$

A사원과 B사원이 같은 조에 편성되고, C사원과 D사원이 서로 다른 조에 편성되려면 E사원, F사원을 각각 C사원, D사원과 짝을 이루도록 해야 하므로 이때 방법의 수는 $2! = 2$

따라서 구하는 확률은 $\frac{2}{15}$

27

A와 B가 걷기 대회에 참가했을 때, A는 시속 4.25km, B는 시속 3.75km의 속력으로 걷는다고 한다. A가 출발한 후 6시간 뒤 목표지점에 도착하였다고 할 때, B는 A가 도착한 뒤 얼마 후에 목표지점에 도착하는가?

① 36분　　② 45분

③ 48분　　④ 54분

정답 해설 '거리=속력×시간'이므로 A가 6시간 동안 목표지점까지 걸은 거리는 '$4.25 \times 6 = 25.5$km'가 된다. 여기서 '시간$=\frac{거리}{속력}$'이므로, B가 목표지점까지 걷는데 걸린 시간은 '$\frac{25.5}{3.75} = 6.8$시간'이 된다. 따라서 B는 A가 걸린 시간보다 0.8시간 더 걸려 도착한 셈이므로 '$60 \times 0.8 = 48$분' 후에 도착한다.

28 다음과 같이 도형에 일정한 규칙으로 수가 나열되어 있다. 빈칸 (A)와 (B)에 들어갈 수를 합할 때 나오는 수는?

4	6	2	6
3	8	1	24
5	10	(A)	2
6	32	2	(B)

① 10 ② 27

③ 50 ④ 53

㉠	㉡	㉢	㉣
4	6	2	6
3	8	1	24
5	10	5	2
6	32	2	48

주어진 도형에서 ㉢열은 ㉠열과 ㉡열의 최대공약수를, ㉣열은 ㉠열과 ㉡열의 최소공배수를 최대공약수로 나눈 값을 갖는 규칙을 보이므로 빈칸 (A)는 5와 10의 최대공약수인 5이고 빈칸 (B)는 6과 32의 최소공배수인 96을 최대공약수인 2로 나눈 값인 48이다. 따라서 (A)+(B)=53이다.

[29~30] 다음 제시된 통계 자료는 어느 국가의 지역별 문자해독률과 문맹률에 대한 자료이다. 이를 토대로 물음에 가장 알맞은 답을 고르시오.

〈그림〉 지역별 성인 문자해독률

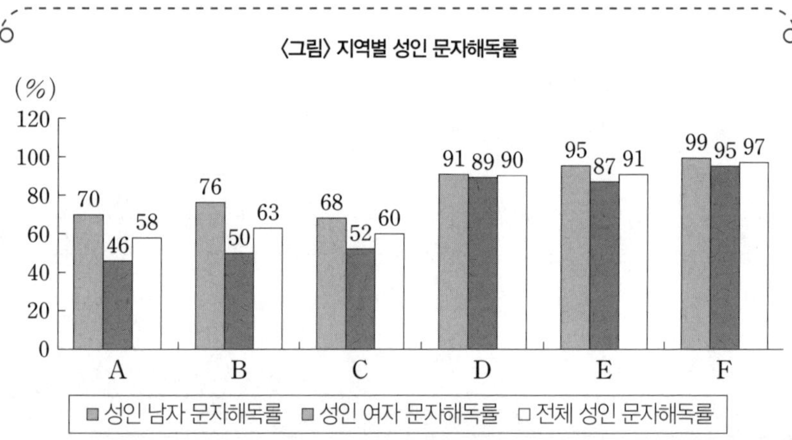

〈표〉 지역별 청소년 문맹률

구분	A지역	B지역	C지역	D지역	E지역	F지역
문맹률(%)	53.7	10.2	27.1	3	5	1

29 다음 중 가장 올바르지 않은 설명은?

① C지역의 성인 여자 문맹률은 성인 남자 문맹률보다 높다.

② 성인 남자 문맹률이 높은 지역일수록 청소년 문맹률이 높다.

③ 성인 남녀 간 문맹률의 차이가 가장 큰 지역은 B이다.

④ 청소년 문맹률과 성인 남자의 문맹률이 같은 지역은 두 지역이다.

정답해설 성인 남자의 문맹률이 가장 높은 지역은 C지역(32%)이다. 그런데 C지역의 청소년 문맹률은 27.1%로 두 번째로 높은 것에 비해 성인 남자 문맹률이 두 번째로 높은 A지역의 청소년 문맹률은 53.7%로 가장 높으므로 ②는 옳지 않다.

오답해설 ① C지역의 성인 남자 문맹률은 '100%−68%=32%'이며(∵ 문맹률=100%−문자해독률), 성인 여자 문맹률은 '48%'이다. 따라서 C지역의 경우 여자의 문맹률이 남자의 경우보다 높다.

③ 문맹률의 차이가 큰 지역일수록 문자해독률의 차이가 크게 나타난다. 남녀 간 문자해독률의 차이는 A지역과 B지역에서 큰데, A지역의 남자 문맹률은 30%, 여자 문맹률은 54%이므로 그 차는 24%이며, B지역의 문맹률은 남자가 24%, 여자가 50%이므로 그 차는 26%이다. 따라서 성인 남녀 간 문맹률의 차이가 가장 큰 지역은 B지역이다.

④ 문맹률은 '100%－문자해독률'이 되므로, 성인 남자의 문맹률과 청소년 문맹률이 같은 지역은 E지역(3%)과 F지역(1%) 두 곳이 된다.

1DAY 2DAY 3DAY

30 성인 남녀 간 문맹률의 차이가 가장 큰 지역의 청소년 문맹률(%)과 청소년 문맹률이 네 번째로 높은 지역의 남녀 간 성인 문맹률의 각각 차이(%)는?

① 10.2%, 8%
② 53.7%, 2%
③ 10.2%, 2%
④ 27.1%, 4%

정답 해설 성인 남녀 간 문맹률의 차이가 가장 큰 B지역의 청소년 문맹률은 10.2%이며, 청소년 문맹률이 네 번째로 높은 E지역의 남녀 간 성인 문맹률 차이는 '95%－87%＝8%'이다.

31 다음 〈표〉는 2019년 지역별 PC 보유율과 인터넷 이용률에 관한 자료이다. 이에 대한 〈보기〉의 설명 중 옳지 않은 것만 모두 고르면?

〈표〉 2019년 지역별 PC 보유율과 인터넷 이용률

(단위 : %)

지역 \ 구분	PC 보유율	인터넷 이용률
서울	88.4	80.9
부산	84.6	75.8

대구	81.8	75.9
인천	87.0	81.7
광주	84.8	81.0
대전	85.3	80.4
울산	88.1	85.0
원주	86.0	80.7
경기	86.3	82.9
강원	77.3	71.2
충북	76.5	72.1
충남	69.9	69.7
전북	71.8	72.2
전남	66.7	67.8
경북	68.8	68.4
경남	72.0	72.5
제주	77.3	73.6

보기

ㄱ. 경남보다 PC 보유율이 낮은 지역의 인터넷 이용률은 경남보다 모두 낮다.
ㄴ. PC 보유율이 세 번째로 높은 지역은 인터넷 이용률도 세 번째로 높다.
ㄷ. 울산의 인터넷 이용률은 인터넷 이용률이 가장 낮은 지역의 1.3배 이상이다.
ㄹ. PC 보유율보다 인터넷 이용률이 높은 지역은 전북, 전남 두 지역이다.

① ㄱ, ㄴ　　② ㄴ, ㄷ
③ ㄱ, ㄹ　　④ ㄷ, ㄹ

ㄷ. 울산의 인터넷 이용률은 85%이며, 인터넷 이용률이 가장 낮은 지역은 전남으로, 전남의 인터넷 이용률은 67.8%이다. 울산의 인터넷 이용률은 전남의 인터넷 이용률의 1.25배 정도가 되므로, 'ㄷ'은 옳지 않은 설명이 된다.

ㄹ. PC 보유율보다 인터넷 이용률이 높은 지역은 전북, 전남, 경남의 세 지역이므로, 'ㄹ'도 옳지 않다.

ㄱ. 경남보다 PC 보유율이 낮은 지역은 충남, 전북, 전남, 경북 4지역이며, 이 4지역의 인터넷 이용률은 모두 경남의 인터넷 이용률보다 낮다. 따라서 'ㄱ'은 옳은 설명이다.

ㄴ. PC 보유율이 세 번째로 높은 지역은 인천(87%)이며, 인천의 인터넷 이용률(81.7%)도 세 번째로 높다. 따라서 'ㄴ'도 옳은 설명이다.

32 다음 〈표〉와 〈그림〉은 2010년과 2020년 '갑'국의 국적별 외국인 방문객에 관한 자료이다. 이에 대한 설명으로 옳은 것은?

〈표〉 외국인 방문객 현황

(단위 : 명)

연도	2010	2020
외국인 방문객 수	5,347,468	9,794,796

〈그림1〉 2010년 국적별 외국인 방문객 수 (상위 10개국)

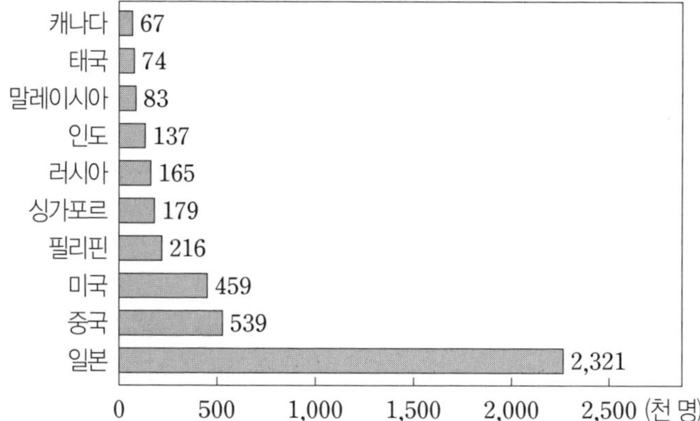

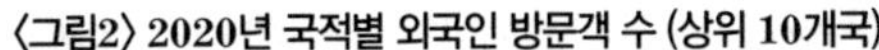

〈그림2〉 2020년 국적별 외국인 방문객 수 (상위 10개국)

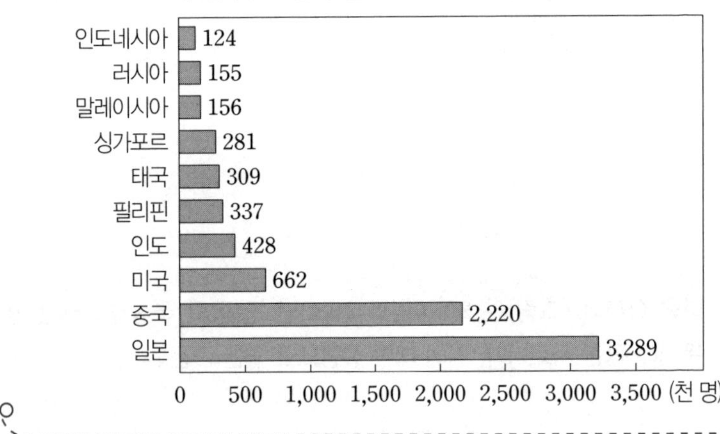

① 전체 외국인 방문객 중 중국인 방문객 비중은 2020년이 2010년의 3배 이상이다.

② 2010년 대비 2020년 미국인 방문객의 증가율은 말레이시아인 방문객의 증가율보다 높다.

③ 인도네시아인 방문객 수는 2010년에 비해 2020년에 50,000명 이상 증가하였다.

④ 2010년 외국인 방문객 수 상위 10개국 중 2020년 외국인 방문객 수 상위 10개국에 포함되지 않은 국가는 2개 이상이다.

정답 해설 2010년의 인도네시아인 방문객은 상위 10개국에 들지 못했으므로, 10위인 캐나다(67,000명)보다 적다는 것을 알 수 있다. 2020년의 인도네시아인 방문객은 124,000명이므로, 2010년에 비해 최소 57,000명이 증가하였다는 것을 알 수 있다.

오답 해설 ① 전체 외국인 방문객 중 중국인 방문객 비중은 2010년에 '$\frac{539}{5,347}\times 100 \fallingdotseq 10.1\%$'이고 2020년에 '$\frac{2,220}{9,794}\times 100 \fallingdotseq 22.7\%$'이므로 2020년의 중국인 방문객 비중은 2010년 비중의 3배 이하가 된다.

② 2010년 대비 2020년 미국인 방문객의 증가율은 '$\frac{(662-459)}{459}\times 100 \fallingdotseq 44.2\%$'이며 2010년 대비 2020년 말레이시아인 방문객의 증가율은 '$\frac{(156-83)}{83}\times 100 \fallingdotseq 88\%$'가 된다. 따라서 2010년 대비 2020년 미국인 방문객 수의 증가율은 말레이시아인 방문객 수의 증가율보다 낮다.

④ 2010년 외국인 방문객 수 상위 10개국 중 2020년 외국인 방문객 수 상위 10개국에 포함되지 않은 국가는 캐나다 1개 국가뿐이다.

[33~34] 다음은 2015년과 2020년 어떤 도시 가구별 평균 소비지출 내역을 나타낸 그래프이다. 다음 물음에 답하시오.

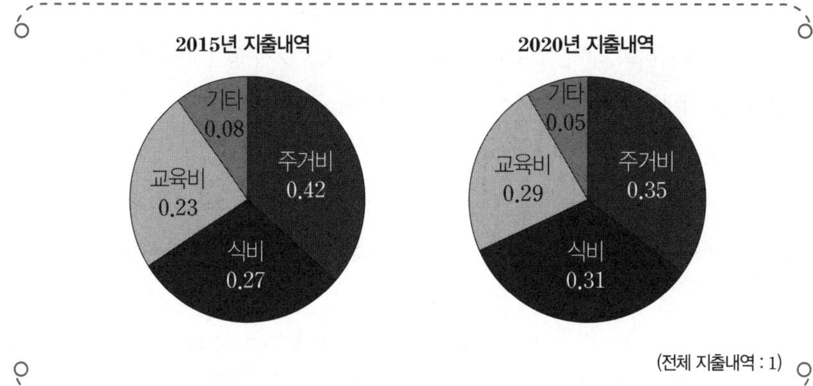

33 **2015년도 가구당 총지출액이 평균 2,000만 원이었고 2020년도 가구당 총지출액이 평균 3,000만 원이었다면, 2020년 가구당 교육비는 2015년에 비해 얼마나 증가하였는가?**

① 230만 원 ② 300만 원

③ 360만 원 ④ 410만 원

정답 해설 2015년 가구당 총지출액이 평균 2,000만 원이었고 이 중 교육비가 차지한 비율은 23%이므로, 이 해의 가구당 교육비 지출액은 '2,000×0.23=460(만 원)'이고 2020년의 가구당 교육비 지출액은 '3,000×0.29=870(만 원)'이다. 따라서 2020년의 가구당 교육비는 2015년에 비해 410만 원이 증가하였다.

정답 33 ④

34 다음 설명 중 옳은 것은?(단, 2015년도 가구당 총지출액은 2,000만 원, 2020년도 가구당 총지출액은 3,000만 원이라 가정한다.)

① 2020년의 가구당 주거비 지출액은 2015년에 비해 줄었다.

② 2020년 주거비와 식비, 교육비를 제외한 지출액은 가구당 150만 원이다.

③ 2015년 가구당 식비 지출액은 월 40만 원이다.

④ 도시 가정에서의 교육비 비중은 감소하는 추세이다.

정답 해설 2020년도의 주거비와 식비, 교육비를 제외한 기타 지출액은 비율은 5%이므로 가구당 기타 지출액은 '3,000×0.05=150(만 원)이 된다.

오답 해설 ① 2015년 가구당 주거비 지출액은 '2,000×0.42=840(만 원)'이며 2020년 가구당 주거비 지출액은 '3,000×0.35=1,050(만 원)'이므로 2020년 가구당 주거비 지출비율은 2015년에 비해 줄었으나 지출액은 늘었다.

③ 2015년 가구당 식비 지출액은 '2,000×0.27=540(만 원)'이므로 월 45만 원이 된다.

④ 도시 가구별 평균 지출내역에서 교육비가 차지하는 비중은 2015년에 23%에서 2020년 29%로 증가하였으므로 도시 가정에서의 교육비 비중은 증가하는 추세라 볼 수 있다.

35 다음 〈표〉는 농산물 도매시장의 품목별 조사단위당 가격에 대한 자료이다. 이를 이용하여 작성한 그래프로 옳지 않은 것은?

〈표〉 품목별 조사단위당 가격

(단위 : kg, 원)

구분	품목	조사단위	조사단위당 가격		
			금일	전일	전년 평균
곡물	쌀	20	52,500	52,500	47,500
	찹쌀	60	180,000	180,000	250,000
	검정 쌀	30	120,000	120,000	106,500
	콩	60	624,000	624,000	660,000
	참깨	30	129,000	129,000	127,500

채소	오이	10	23,600	24,400	20,800
	부추	10	68,100	65,500	41,900
	토마토	10	34,100	33,100	20,800
	배추	10	9,500	9,200	6,200
	무	15	8,500	8,500	6,500
	고추	10	43,300	44,800	31,300

① 쌀, 찹쌀, 검정쌀의 조사단위당 가격

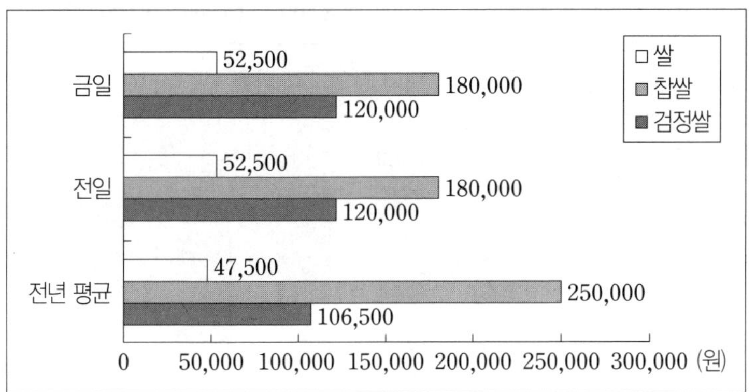

② 채소 1kg당 금일가격

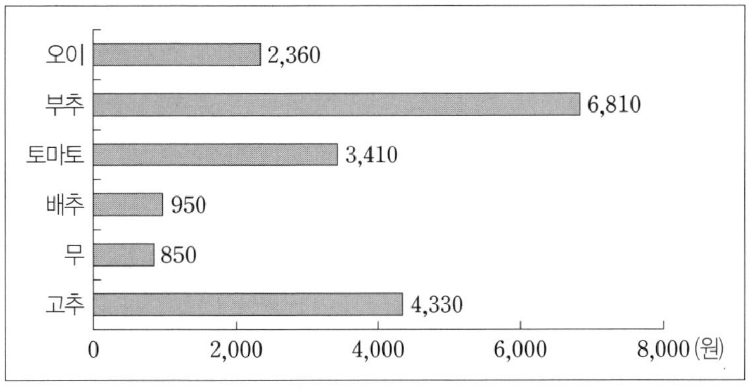

정답 34 ② | 35 ②

③ 곡물 1kg당 금일가격

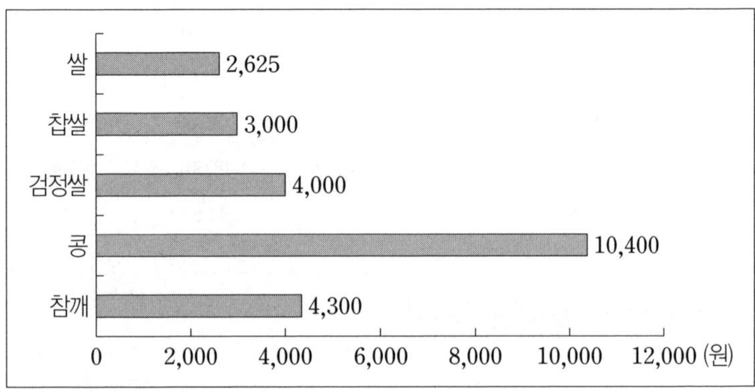

④ 채소의 조사단위당 전년 평균가격 대비 금일가격 비율

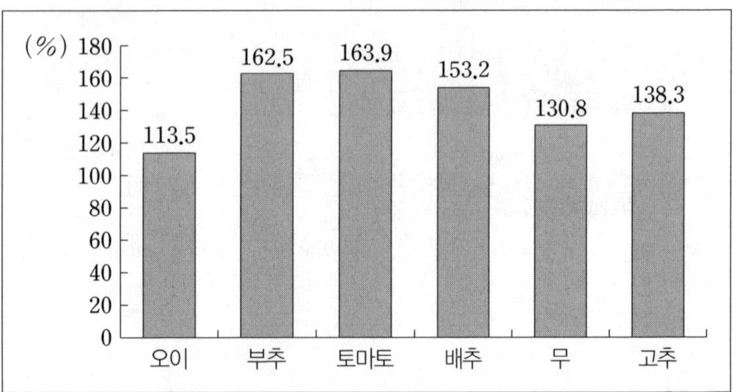

정답 해설 채소 1kg당 금일가격은 '$\frac{\text{채소 금일 가격(원)}}{\text{조사 단위(kg)}}$'으로 구할 수 있으며 ②의 무와 같은 경우 조사단위가 '15(kg)'이므로, 무 1kg당 금일가격은 '$\frac{8500}{15}$≒567(원)'이 된다.

오답 해설 ① 쌀, 찹쌀, 검정쌀의 조사단위당 가격은 품목별 조사단위당 가격의 〈표〉의 내용에서 확인할 수 있다.

③ 곡물 1kg당 금일가격은 '$\frac{\text{곡물 금일 가격(원)}}{\text{조사 단위(kg)}}$'으로 구할 수 있으며, 그래프가 〈표〉의 내용을 제대로 반영하고 있다.

④ 채소의 조사단위당 전년 평균가격 대비 금일가격 비율은 '$\frac{\text{채소 금일 가격}}{\text{채소 전년 평균 가격}}$'으로 구할 수 있으며, 그래프가 〈표〉의 내용을 제대로 반영하고 있다.

36 다음의 〈표〉와 같은 두 가지 투자계획을 토대로 판단할 때 타당한 것을 〈보기〉에서 모두 고르면?

〈표〉 투자계획 비용과 수익

(단위 : 만 원)

투자계획	현재투자비용	1년 후 수익(현재투자비용+순수익)
X	2,000	2,160
Y	200	240

※ 다만, 각 투자계획은 1년 후 종료되며 중복투자는 불가능하다.

※ 세금 등 다른 비용은 없는 것으로 한다.

보기

㉠ 투자계획에 투자하는 대신 같은 기간 은행에 예금했을 경우 이자율이 연 6%라고 가정한다면, 투자계획 X는 은행예금보다 바람직하지 않을 것이다.

㉡ 투자계획에 투자하는 대신 같은 기간 은행에 예금했을 경우 이자율이 연 15%라고 가정한다면, 투자계획 Y를 채택하는 것이 은행예금보다 바람직할 것이다.

㉢ 기간 당 수익률만을 비교하면, 투자계획 Y가 X보다 바람직하다.

㉣ 각각의 투자계획에 필요한 자금 전액을 연 6%의 이자로 빌릴 수 있다고 가정할 때 기간 당 순수익이 큰 것을 선택한다면, 투자계획 X와 Y 중에서 Y를 선택하게 될 것이다.

① ㉠, ㉡ ② ㉡, ㉢

③ ㉠, ㉡, ㉣ ④ ㉡, ㉢, ㉣

㉡ 은행의 이자율이 연 15%인 경우 200만 원을 예금했다면 1년 후 수익은 230만 원이다. 이에 비해 투자계획 Y를 채택하는 경우 투자수익은 240만 원으로 은행예금 수익보다 크므로, 투자계획 Y를 채택하는 것이 은행예금보다 바람직하다.

㉢ 투자계획 X의 수익률은 연 '$\frac{2,160-2,000}{2,000}\times 100=8\%$'이며 Y의 수익률은 연 '$\frac{(240-200)}{(200)}\times 100=20\%$'이므로, 기간 당 수익률만을 비교하면 투자계획 Y가 X보다 바람직하다.

오답
해설

㉠ 은행의 이자율이 연 6%인 경우 2,000만 원을 예금했다면 1년 후 수익은 2,120만 원이 된다. 따라서 이 경우 투자계획 X의 투자수익(2,160만 원)이 은행예금보다 크므로, X가 은행 예금보다 더 바람직하다.

㉣ 투자계획에 필요한 자금 전액을 연 6%의 이자로 빌린다고 가정하면, X의 연간 순수익은 '2,160－2,120＝40만 원'이며, Y의 연간 순수익은 '240－212＝28만 원'이 된다. 따라서 기간당 순수익이 큰 X를 선택하게 될 것이다.

[37~38] 다음 자료를 보고 물음에 답하시오.

연도별 농기구 보유 대수

(단위 : 대)

구분	2018년	2019년	2020년
경운기	711,095	666,897	639,517
트랙터	258,662	267,871	277,649
이앙기	282,854	253,660	235,612
콤바인	79,561	79,188	78,854
관리기	406,055	398,596	407,571
곡물건조기	75,944	77,151	78,282
스피드스프레이어	44,064	43,369	49,069
농산물건조기	198,304	204,522	221,405

37 연도별 농기 보유 대수의 자료와 관련된 설명으로 옳은 것은?

① 2019년에 비해 2020년 보유 대수가 가장 많이 줄어든 것은 경운기이다.
② 콤바인은 꾸준히 증가하고 있으나, 트랙터는 감소하고 있다.
③ 이앙기와 관리기는 같은 증감 추이를 나타내고 있다.
④ 곡물건조기와 농산물건조기는 모두 감소하고 있다.

정답 해설 2019년도에 비해 2020년 보유 대수가 줄어든 농기구는 경운기와 이앙기, 콤바인인데 경운기는 '666,897－639,517＝27,380(대)'가 줄었고, 이앙기는 '253,660－235,612＝18,048(대)'가 줄었으며 콤바인은 '79,188－78,854＝334(대)'가 줄었으므로 가장 많이 줄어든 것은 경운기이다.

② 콤바인은 조금씩 감소하고 있으나, 트랙터는 해가 갈수록 증가하고 있다.

③ 이앙기는 계속해서 감소하고 있는데 비해, 관리기는 2018년에 비해 2019년 감소하였다가 2020년 다시 증가하였으므로 동일한 증감 추이를 보인다고 할 수 없다.

④ 곡물건조기와 농산물건조기는 모두 증가하는 추세이다.

38 다음 중 2018년에 비해 2020년 보유 대수가 가장 많이 증가한 농기구는?

① 관리기 ② 곡물건조기

③ 스피드스프레이어 ④ 농산물건조기

2018년에 비해 2020년 증가한 대수는 다음과 같다.

- 관리기의 증가 대수 : 407,571－406,055＝1,516(대)
- 곡물건조기의 증가 대수 : 78,282－75,944＝2,338(대)
- 스피드스프레이어의 증가 대수 : 49,069－44,064＝5,005(대)
- 농산물건조기의 증가 대수 : 221,405－198,304＝23,101(대)

따라서 보유 대수가 가장 많이 증가한 농기구는 농산물건조기이다.

[39~40] 다음을 보고 물음에 답하시오.

〈순이익 수준에 따른 세금 부과율〉

- 1억 원 이하 : 순이익의 10%
- 1억 원~1억 5천만 원 : 순이익의 10%＋(순이익－1억 원)×4%
- 1억 5천만 원~2억 원 : 순이익의 10%＋(순이익－1억 원)×3%
- 2억 원~2억 5천만 원 : 순이익의 10%＋(순이익－1억 원)×2%
- 2억 5천만 원 이상 : 순이익의 10%＋(순이익－2,000만 원)×1%

39 전년도 순이익이 3억 원이었던 어떤 기업의 순이익이 금년에는 전년 대비 40% 감소하였다고 할 때 이 기업에 금년도에 부과될 세금은?

① 1,800만 원　　② 2,040만 원
③ 2,280만 원　　④ 2,520만 원

정답해설 전년도 순이익이 3억 원이고 금년에는 순이익이 전년 대비 40%감소하였으므로, 이 기업의 금년도 순이익은 '3(억 원)×60%(0.6)=1.8(억 원)'이 된다. 금년도 순이익이 '1억 5천만 원~2억 원' 사이에 있으므로, 금년도에 부과될 세금은 '1.8억 원×10%+(1.8억 원−1억원)×3%=0.204억 원(2,040만 원)'이 된다.

40 2019년 순이익이 1억 6천만 원인 기업의 순이익 상승률이 50%일 때 2020년에 내게 될 세금은?

① 2,240만 원　　② 2,460만 원
③ 2,680만 원　　④ 2,900만 원

정답해설 2019년의 순이익이 1억 6천만 원이고 순이익 상승률이 50%이므로, 2020년 순이익은 '1억 6천만 원×150%=2억 4천만 원'이 된다. 순이익이 '2억 원~2억 5천만 원' 사이이므로 2020년에 내야 할 세금은 '2억 4천만 원×10%+(2억 4천만 원−1억 원)×2%=0.268억 원(2,680만 원)'이 된다.

41 다음 글의 결론을 이끌어내기 위해 추가해야 할 전제만을 〈보기〉에서 모두 고른 것은?

젊고 섬세하고 유연한 자는 아름답다. A는 섬세하고 유연하다. 아름다운 자가 모두 훌륭한 것은 아니다. 덕을 지닌 자는 훌륭하다. A는 덕을 지녔다. 아름답고 훌륭한 자는 행복하다. 따라서 A는 행복하다.

보기

ㄱ. A는 젊다.

ㄴ. A는 훌륭하다.

ㄷ. 아름다운 자는 행복하다.

① ㄱ　　② ㄴ

③ ㄷ　　④ ㄱ, ㄴ, ㄷ

정답 해설 제시된 글의 전제 조건과 결론은 다음과 같이 정리할 수 있다.

- 전제 조건
  - ㉮ : 젊고 섬세하고 유연한 자는 아름답다.
  - ㉯ : A는 섬세하고 유연하다.
  - ㉰ : 덕을 지닌 자는 훌륭하다
  - ㉱ : A는 덕을 지녔다.
  - ㉲ : 아름답고 훌륭한 자는 행복하다.
- 결론 : A는 행복하다.

글의 결론을 이끌어 내기 위해서는 A가 ㉲의 조건을 만족해야 하는데 ㉰와 ㉱를 통해 A는 훌륭한 자라는 것을 알 수 있다. 따라서 A가 아름답다는 것만 만족하면 ㉲의 조건을 모두 만족해 결론과 같이 말할 수 있다. ㉯에서 A는 섬세하고 유연하다고 했으며 'A가 젊다'는 조건만 만족하면 ㉮의 조건을 모두 만족하므로, A는 아름다운 사람이 된다. 따라서 'ㄱ(A는 젊다)'이 필요한 전제가 된다.

42 다음 조건을 바탕으로 B의 거주지와 직장이 위치한 곳을 올바르게 짝지은 것은?

- A, B, C는 각각 인사동, 명동, 청담동 중 각각 한 곳에 거주한다.
- A, B, C는 각각 인사동, 명동, 청담동 중 각각 한 곳에 직장을 다니며 세 사람 모두 자신의 거주지와 직장 위치가 다르다.
- A는 지금 C의 직장이 위치한 곳에 살고 있다.
- C는 인사동에 살지 않는다.
- C와 B는 명동에 살지 않는다.
- A의 직장이 위치한 곳은 인사동이다.

거주지	직장
① 청담동	인사동
② 인사동	명동
③ 인사동	청담동
④ 청담동	명동

정답 해설 C는 인사동과 명동에 살지 않는다고 나와 있으므로 청담동에 산다. 또한 B는 명동에 살지 않고 청담동에는 C가 살기 때문에 인사동에 산다는 것을 알 수 있으며 자연스럽게 A는 명동에서 사는 것을 알 수 있다. 그리고 A의 직장은 인사동이며 C는 청담동에서 살기 때문에 C의 직장은 명동이고 자연스럽게 B의 직장은 청담동이라는 것을 알 수 있으므로 B의 거주지는 인사동이고 직장은 청담동이다.

43 **7명(A, B, C, D, E, F, G)의 사원이 퇴근하면서 모두 지하철 1호선 혹은 2호선을 이용하는데 이들이 집으로 가면서 다음과 같은 조건을 따라야 한다. A가 1호선을 이용하지 않았다고 할 때, 다음 중 가능하지 않은 것은?**

- 1호선을 이용하는 사람은 최대 3명이다.
- A는 D와 같은 호선을 이용하지 않는다.
- F는 G와 같은 호선을 이용하지 않는다.
- B는 D와 같은 호선을 이용한다.

① B는 지하철 1호선을 탄다. ② F는 지하철 1호선을 탄다.
③ C는 지하철 2호선을 탄다. ④ E는 지하철 1호선을 탄다.

정답 해설 A는 1호선을 이용하지 않기 때문에 2호선을 이용하고 D와 다른 호선을 이용하므로 D는 1호선을 이용한다. 또한 B와 D는 같은 호선을 이용하므로 B또한 1호선을 이용하는데 F와 G는 같은 호선을 이용하지 않으므로 1호선에는 B, D, F 혹은 G 세 명으로 꽉 차있다. 따라서 나머지 사람들은 2호선을 이용해야 하고 E는 지하철 2호선을 이용하는 경우밖에 없으므로 답은 ④이다.

44 다음 문장을 읽었을 때 그 내용에 가장 부합하는 문장은?

- A는 같은 부서 직원 중 항상 가장 먼저 출근한다.
- A와 같은 부서에 근무하는 B는 매일 8시 30분에 출근한다.
- B와 같은 부서에 근무하는 C는 가끔 7시 30분에 출근한다.

① B는 C보다 늦게 출근한다.
② A는 항상 8시 30분 이전에 출근한다.
③ C는 가끔 A보다 먼저 출근한다.
④ D는 A보다 늦게 출근한다.

정답해설 첫 번째 문장에서 A가 같은 부서 직원 중 항상 가장 먼저 출근한다고 하였고 두 번째 문장에서는 같은 부서의 B가 항상 8시 30분에 출근한다고 하였으므로 A는 항상 8시 30분 이전에 출근한다는 것을 알 수 있다.

오답해설 ① 세 번째 문장에서 C는 가끔 7시 30분에 출근한다고 했고 두 번째 문장에서 B는 매일 8시 30분에 출근한다고 했다. 따라서 C가 7시 30분에 출근하는 날은 B보다 먼저 출근하지만, 8시 30분보다 늦은 시간에 출근하는 날에는 B보다 늦게 출근하게 되므로 ①은 항상 옳지 않다.
③ 첫 번째 문장에서 A는 항상 가장 먼저 출근한다고 했으므로 A가 C보다 항상 먼저 출근한다.
④ D에 관한 자료는 제시되지 않았으며 A와 같은 부서의 직원인지도 알 수 없으므로, 출근시간을 비교할 수는 없다.

45 어느 은행에서 프라이빗뱅킹(PB) 서비스를 제공하는 업무가 있는데, 최근 실적이 감소하고 있어 그 원인을 파악하고 있다. 아래에 제시된 '5Why'를 참고로 할 때, 다음 중 원인들의 인과관계상 가장 근본적인 원인은?

〈문제해결을 위한 사고법 – 5Why〉

문제에 대한 근본적인 원인과 핵심에 대해 구체적으로 파고드는 기법으로, 첫 번째 프로세스는 해결해야 할 사항이나 문제를 한 문장으로 적고 5번의 Why(왜)를 통하여 표면으로 나타나는 이유가 아닌 진정한 원인을 찾아내어 각 관점의 명확한 원인을 발견하는 것이다. 체중 감소를 둘러싼 태도와 행동을 이해하기 위한 인터뷰를 예로 들면 다음과 같다.

Why? #1 : 왜 당신은 운동하는가? – 건강 때문이다.
Why? #2 : 왜 건강인가? – 심박수를 높이기 때문이다.
Why? #3 : 왜 그것이 중요한가? – 그러면 많은 칼로리를 소모한다.
Why? #4 : 왜 그것을 하고 싶어 하는가? – 체중을 줄이기 위함이다.
Why? #5 : 왜 체중을 줄이고 싶은가? – 건강해 보이도록 사회적 압력을 느낀다.

① 고객의 PB서비스 계약 감소 ② 고객정보의 수집 부족
③ 금융상품의 다양성 부족 ④ 절대적인 고객 수의 감소

정답해설 '5Why' 기법의 첫 번째 프로세스는 해결해야 할 사항이나 문제를 한 문장으로 적는 것인데, 문제에서 제시된 문제점은 '최근 실적의 감소'이다. 이러한 실적이 감소하는 가장 직접적인 원인은 '고객의 PB서비스 계약 감소'라 할 수 있다. 다음으로 고객의 PB서비스 계약이 감소하는 원인은 '절대적인 고객 수의 감소'가 될 것이다. 그리고 절대적인 고객 수가 감소하는 것은 고객 서비스 등에 만족하지 못한 것이 원인이 될 수 있는데, 여기서는 '금융상품의 다양성 부족'으로 고객의 불만족이 발생한 것이 원인이 된다. 금융상품의 다양성이 부족한 것은 고객이 무엇을 원하는지 제대로 파악하지 못하였기 때문이라 할 수 있다. 따라서 고객의 수요 파악을 위한 '고객정보의 수집 부족'이 가장 근본적인 원인이 된다.

46 **6명의 직원(A, B, C, D, E, F) 가운데 반드시 4명의 직원으로만 팀을 구성하여 팀별 회의에 참석해 달라는 요청이 있었다. 만일 E가 불가피한 사정으로 그 회의에 참석할 수 없게 된 상황에서, 아래의 조건을 모두 충족시켜야 한다면 구성될 수 있는 팀의 수는?**

조건 1 : A 또는 B는 반드시 참석해야 한다. 하지만 A, B가 함께 참석할 수 없다.
조건 2 : D 또는 E는 반드시 참석해야 한다. 하지만 D, E가 함께 참석할 수 없다.
조건 3 : 만일 C가 참석하지 않게 된다면 D도 참석할 수 없다.
조건 4 : 만일 B가 참석하지 않게 된다면 F도 참석할 수 없다.

① 1개
② 2개
③ 3개
④ 4개

 E가 참여하지 못하므로, 조건 2에 의해 D는 반드시 참석해야 한다. D가 참석한다면, 조건 3의 대우에 의해 C도 참석해야 한다(조건 3의 대우인 "D가 참석한다면 C가 참석하게 된다"가 성립함). 다음으로 조건 4에 의해 B가 참석하지 않는 경우 F도 참석할 수 없으므로, 이 경우 최대 참석자는 3명(A, C, D)이 되어 문제의 조건에 맞지 않는다. 따라서 B가 참석해야 한다. 그리고 B가 참석하는 경우 조건 1에 의해 A는 참석할 수 없다. 문제에서 4명으로 팀을 꾸밀 수 있는 경우를 묻고 있으므로 나머지 F도 참석해야 한다. 결론적으로 위의 조건을 모두 만족하면서 4명으로 팀을 꾸밀 수 있는 것은 'B, C, D, F'가 참석하는 한 가지 경우뿐이다.

[47~48] 다음 광고모델 후보에 대한 자료를 보고 물음에 답하시오.

광고모델별 1년 계약금 및 광고 1회당 광고효과

(단위 : 만 원)

광고모델	1년 계약금	1회당 광고효과	
		수익증대효과	브랜드가치 증대효과
A	1,000	100	100
B	600	60	100
C	700	60	110
D	800	50	140
E	1,200	110	110

〈조건〉

- 1회당 광고효과＝1회당 수익증대효과＋1회당 브랜드 가치 증대효과
- 총 광고효과＝1회당 광고효과×1년 광고횟수
- 1년 광고횟수＝$\frac{\text{1년 광고비}}{\text{1회당 광고비}}$(1회당 광고비는 20만 원으로 고정)

• 1년 광고비＝고정비용 3,000만 원－1년 계약금

※ 광고효과는 수익 증대 효과와 브랜드 가치 증대 효과로만 구성된다.

47 광고모델 후보에 대한 자료를 보고 나눈 대화에서 옳게 말한 사람은?

정 사원 : 1회당 광고효과가 200만 원이 넘는 사람이 없어.
김 대리 : 1년 광고 횟수로 따지면 B가 발탁되겠는데?
최 주임 : 1년 광고비는 A가 제일 낮은 것 같아.

① 정 사원　　② 김 대리
③ 최 주임　　④ 모두 옳다

정답 해설 조건에 제시된 내용에 따라 표를 작성하면 다음과 같다.

광고모델	1년 계약금(만원)	1회당 광고효과	1년 광고비(만원)	1년 광고 횟수	총 광고효과
A	1,000	200	2,000	$\frac{2,000}{20}=100$	20,000
B	600	160	2,400	$\frac{2,400}{20}=120$	19,200
C	700	170	2,300	$\frac{2,300}{20}=115$	19,550
D	800	190	2,200	$\frac{2,200}{20}=110$	20,900
E	1,200	220	1,800	$\frac{1,800}{20}=90$	19,800

1년 광고 횟수가 가장 높은 사람은 B(120)이므로 김 대리의 말이 옳다.

오답 해설 ① 1회당 광고효과가 200만 원이 넘는 사람으로 E가 있다.
③ 1년 광고비가 가장 낮은 사람은 E(1,800)이다.

48 총 광고효과가 가장 큰 사람을 모델로 발탁한다고 할 때 최종 발탁될 수 있는 사람은?

① A
② B
③ C
④ D

정답 해설 47번 정답 해설의 표를 참고해 보았을 때 총 광고효과가 가장 높은 사람은 D이다.

1DAY 2DAY 3DAY

49 주택재건축 관련 법률개정안의 입법취지가 다음과 같다고 할 때 이를 지지하는 근거로 가장 적절하지 않은 것은?

1. 주택재건축사업이 대형분양주택 공급 위주로 시행됨에 따라 재건축사업구역 안에 거주하던 무주택 세입자의 주거불안이 가중되고, 주택가격이 급등하는 등 문제점이 발생하고 있어 이를 해소하려는 것임
2. 수도권 과밀 억제 권역 안에서 시행하는 주택재건축사업은 해당 주택재건축사업으로 증가된 용적률 중 100분의 25 이하에서 임대주택을 공급하도록 의무화함
3. 주택재건축사업의 공공성이 강화될 뿐만 아니라 임대주택의 공급이 확대되어 무주택세입자 및 도시저소득 주민의 주거안정에 기여할 수 있을 것으로 기대됨

① 재건축지역 내 소형주택 소유주의 사유재산권이 형평성 차원에서 보장되어야 한다.
② 주택가격 급등은 국가 경제의 건전한 투자 흐름을 방해하므로 정부의 적정한 개입을 필요로 한다.
③ 일부 재건축 단지의 주택가격 상승은 전체 주택가격의 상승과 주택시장의 왜곡을 유발할 수 있다.
④ 일부 투기세력이 참여한 사업에 의해 형성된 개발이익은 공공성의 차원에서 다수에게 그 혜택이 돌아가게 해야 한다.

정답 해설 법률개정안의 입법취지를 요약하면, 대형주택 공급 위주의 주택재건축사업으로 무주택세입자의 주거 불안이 가중되고 주택가격이 급증하고 있으므로, 주택재건축사업 시 일정 비율의 임대주택 공급을 의무화함으로써 재건축사업의 공공성을 강화하고 무주택세입자 및 저소득 주민의 주거안정에 기여한다는 것이다. 따라서 재건축지역 내 소형주택 소유주의 사유재산권이 보장되어야 한다는 것은 입법취지와 직접적인 관련이 없는 내용이므로, 입법취지를 지지하는 근거로 볼 수도 없다.

오답 해설 ② 주택재건축사업으로 주택가격이 급증하고 있어서 이를 해결하기 위해 정부의 개입(임대주택 공급의 의무화)이 필요하다는 입장은 입법취지에 반영된 내용이므로 이를 지지하는 근거가 된다.
③ 일부 재건축단지의 주택가격 상승이 전체 주택가격의 상승을 유발할 수 있다는 것은 주택가격 급등의 문제를 해결하려는 위의 입법취지를 지지하는 근거가 된다.
④ 투기세력에 의해 형성된 개발이익이 다수에게 돌아가도록 하는 것은 재건축사업의 공공성 강화와 임대주택 공급을 지지하는 근거가 된다.

50 다음 주어진 공고에서 밑줄 친 ㉠~㉣의 내용 중 적절하지 않은 것은?

〈공고〉

2020 사내 교육 프로그램에 관련하여 알려드립니다.

1. 교육일시
   ㉠ 2018년 6월 18일 오후 14시 별관 2층 대회의실
2. 교육책임자
   ㉡ 전략기획부 차장 김수연
3. ㉢ 교육 대상
   가. 기획조정본부 8명
   나. 정보화본부 12명
   다. 경영지원국 10명
   라. 산재보상국 15명
4. 교육 개요
   기초 리서치와 통계과정
5. ㉣ 교육내용(4차시)

교육과정	교육일정	교육내용
기초리서치 및 통계이해	14 : 00~14 : 50	– 리서치란 무엇인가 – 리서치의 종류와 특성 – 리서치 대상 표집법
통계와 SPSS 운용법	15 : 00~15 : 50	– 기초통계 – 설문지의 코딩과 펀칭 – SPSS로 기초통계하기
텍스트 마인딩 (Text Mining) 통계법	16 : 00~16 : 50	– 미디어와 미디어컨텐츠 읽어내기 – 언론/방송보도통계 SPSS
기초 리서치 통계실습	17 : 00~17 : 50	– 기초통계실습 – 텍스트 마인딩 실습

① ㉠　　② ㉡

③ ㉢　　④ ㉣

공고의 제목을 살펴보면 2020년 사내 교육 프로그램이라고 명시되어 있으므로 교육일시도 2020년 6월 18일로 되어 있어야 적절하다.

[51~52] 다음은 A기업이 임금피크제를 도입하기 위해 참고한 자료이다. 제시된 자료를 보고 물음에 답하시오.

01. 사전준비

- 숙련인력의 활용, 인건비 관리의 탄력적 운영, 안정적 노후생활의 요구
- 노조의 지속적인 정년연장 요구에 따라 임금피크제 도입 논의(2017년)
- 2018년 임금인상분 반납으로 일자리 창출 고용안정재원을 조성하여 정년연장에 따른 신규채용 여력 확보를 위한 희망퇴직 시행(2019년 10월)
- 정년연장 임금피크제 시행 노사합의(2019년 12월) : 2020년 7월부터 시행

– 임금피크제 선택 시 정년 연장(58세 → 60세), 단계적 연장

퇴직예정일	2020년 7월~12월	2021년	2022년	2023년 이후
정년연장기간	6월	1년	1년 6개월	2년

02. 현황분석

• 중 · 장기 비용 분석 : 임금피크제 선택 시 정년을 6개월 단위로 연장하여 비용 최소화

03. 적용 대상 및 감액기준 결정

• 전 직원

04. 제도 유형 결정

• 정년연장형(58세 → 60세)

05. 임금굴절점 결정

• 만 57세가 피크 시점, 정년퇴직 예정일 익일부터 적용

06. 임금감액률 결정

• 감액기준 : 피크임금

연령	만 57세	만 58세	만 59세
감액률	피크임금 대비 10%	피크임금 대비 30%	피크임금 대비 35%
지급률	피크임금 대비 90%	피크임금 대비 70%	피크임금 대비 65%

07. 근로조건 등의 조정

• 만 57세 정년퇴직예정일 익일이 되는 날의 당원 기본연봉을 기준으로 연령별 피크지급을 적용

– 수당, 성과연봉 등 기본연봉에 연동되는 급여는 피크임금 적용 이후 금액으로 반영

• 급여를 제외한 나머지 인사운영은 이전과 동일하게 유지(인사승진, 평가, 임금인상률, 부서배치 등에 있어 차등요소 배제)

• 상위직급의 경우 직무급을 통해 수행직위 · 업무에 대해 보상

• 퇴직금은 임금지급률이 바뀔 때마다 매년 퇴직금 중간정산을 시행해 퇴직금 감소 최소화

• 임금감액 외 복리후생(학자금 지원 등)에 변동 없음

• 승진소요연수를 정년연장과 비례하여 늘림으로써 적절한 정 · 현원 관리 실시

08. 직무 · 직책의 조정

• 변동 없음(임금만 감액)

51 위에서 제시된 자료에 대한 설명으로 옳은 것은?

① 임금피크제를 도입하는 경우 정년은 4세가 연장된다.

② 임금피크제의 적용 대상은 전 직원이 대상이 된다.

③ 2021년 이후 퇴직한 임금피크제 대상자의 정년연장기간은 3년 이상이 된다.

④ 만 58세와 만 59세의 임금감액률 차이는 10%가 된다.

정답 해설 03에서 임금피크제는 전 직원이 적용 대상이라 하였다.

오답 해설 ① 임금피크제 선택 시 정년은 58세에서 60세로 2세가 연장된다.

③ 01의 도표를 보면, 2011년 이후 퇴직한 임금피크제 대상자의 정년연장기간은 1년 이상(1년~2년)이다.

④ 06의 도표를 보면 만 58세와 만 59세의 임금감액률 차이는 5%다.

52 A기업의 직원인 B부장의 월급은 850만 원이며 연령은 만 57세이다. 2025년 5월부터 임금피크제가 적용되었다면, 2025년 B부장이 받게 되는 연봉 총액은? (단, B부장의 생년월일과세금, 이자 등은 무시함)

① 9,180만 원

② 9,520만 원

③ 9,860만 원

④ 1억 200만 원

정답 해설 B부장의 경우 2025년 5월부터 적용되므로, 2025년 1월부터 4월까지는 월 850만 원을 받게 된다. B부장이 만 57세이므로 이때가 피크 시점이 되며, 임금피크제가 적용되는 5월부터는 피크 임금의 90%인 765만 원을 받게 된다. 따라서 B부장의 연봉 총액은 '(850×4)+(765×8)=9,520만 원'이 된다.

53 다음 조건을 근거로 판단할 때, 〈보기〉에서 옳은 것만을 모두 고르면? (단, 다른 조건은 고려하지 않는다.)

〈조건〉

다양한 중량의 화물 12개를 아래의 방법에 따라 최소 개수의 컨테이너에 넣으려고 한다. 각각의 화물 중량은 아래와 같고, 좌측부터 순서대로 도착했다. 하나의 화물을 분리하여 여러 컨테이너에 나누어 넣을 수 없으며, 한번 잠긴 컨테이너에는 화물을 추가로 넣을 수 없다.

*도착 순서 : 6, 5, 5, 4, 2, 3, 6, 5, 4, 5, 7, 8 (단위 : 톤)

방법 1. 도착한 순서대로 화물을 컨테이너에 넣는다. 화물을 넣어 10톤이 넘을 경우, 그 화물은 넣지 않고 컨테이너를 잠근다. 그 후 화물을 다음 컨테이너에 넣는다.

방법 2. 모든 화물을 중량 순으로 재배열한 후 무거운 화물부터 순서대로 컨테이너에 넣는다. 화물을 컨테이너에 넣어 10톤이 넘을 경우, 그 화물은 넣지 않고 컨테이너를 잠근다. 그 후 화물을 다음 컨테이너에 넣는다.

보기

㉠ 방법 1과 방법 2의 경우, 필요한 컨테이너의 개수가 같다.
㉡ 방법 1의 경우, 10톤까지 안 채워진 컨테이너에 들어간 화물 중량의 합은 50톤이다.
㉢ 방법 2의 경우, 10톤이 채워진 컨테이너의 수는 3개이다.

① ㉠, ㉡ ② ㉠, ㉢
③ ㉡, ㉢ ④ ㉠, ㉡, ㉢

정답해설 ㉠ 주어진 두 방법에 따라 화물을 채우는 경우는 다음과 같다.

방법 1 : 6, 5+5, 4+2+3, 6, 5+4, 5, 7, 8 → 컨테이너 8개가 필요함
방법 2 : 8, 7, 6, 6, 5+5, 5+5, 4+4, 3+2 → 컨테이너 8개가 필요함
따라서 방법 1과 방법 2 모두 필요한 컨테이너 수는 8개로 같다.

㉡ 방법 1의 경우, 10톤까지 채워지지 않은 컨테이너에 들어간 화물 중량의 합은 '6+9+6+9+5+7+8=50(톤)'이 된다.

오답해설 ㉢ 방법 2의 경우, 10톤이 채워진 컨테이너의 수는 2개이다.

54 A와 B를 대상으로 3년간 실시한 사내 친절도 평가점수의 변화를 나타낸 표이다. 〈보기〉의 설명 중 옳은 것을 모두 고르면?

〈표1〉 A의 점수 변화

년/월	2017/3	2018/3	2019/3	2020/3
점수(점)	71	73	78	80

〈표2〉 B의 점수 변화

년/월	2017/3	2017/9	2018/3	2018/9	2019/3	2019/9	2020/3
점수(점)	83	85	87	88	90	91	92

보기

㉠ 3년 동안 A와 B의 점수 총 변화량은 같다.
㉡ 연중 점수 변화의 흐름을 살펴보기에는 B의 자료가 A의 자료보다 더 적절하다.
㉢ 3년 전 동월대비 2020년 3월 A의 점수 증가율은 B의 점수 증가율보다 더 낮다.

① ㉠, ㉡ ② ㉠, ㉢
③ ㉡, ㉢ ④ ㉠, ㉡, ㉢

㉠ 3년 동안 A의 점수 총 변화량은 '80－71＝9(점)'이며 B의 점수 총 변화량은 '92－83＝9(점)'이므로, 서로 같다.

㉡ 연중 점수 변화의 흐름을 파악하기 위해서는 연도 중간의 점수 변화에 대한 자료가 제시되어야 한다. 따라서 친절도 평가점수를 6개월마다 기록한 B의 자료가 더 적절하다.

㉢ 3년 전인 2017년 3월 대비 2020년 3월 점수 증가율은 다음과 같다.

- A의 점수 증가율＝$\frac{9}{71}\times 100 ≒ 12.7\%$
- B의 점수 증가율＝$\frac{9}{83}\times 100 ≒ 10.8\%$

따라서 3년 전 동월대비 2020년 3월 점수 증가율은 A가 B보다 더 높다.

55 다음 〈표〉는 산업 폐기물 매립지 주변의 거주민 1,375명을 대상으로 특정 질환자의 수를 파악한 것이다. 이를 토대로 한 〈보기〉의 내용 중 옳지 않은 것을 모두 고르면?

〈표 1〉

구분	매립지와의 거리			
	1km 미만	1~2km 미만	2~3km 미만	3~5km 미만
거주민	564	426	282	101
호흡기 질환자수	94	47	77	15
피부 질환자수	131	70	102	42

〈표 2〉

구분	연령			
	19세 이하	20~39세	40~59세	60세 이상
거주민	341	405	380	249
호흡기 질환자수	76	41	49	67
피부 질환자수	35	71	89	150

〈표 3〉

구분	거주기간			
	1년 미만	1~5년 미만	5~10년 미만	10년 이상
거주민	131	286	312	646
호흡기 질환자수	15	23	41	154
피부 질환자수	10	37	75	223

※ 환자수＝호흡기 질환자수＋피부 질환자수 (단, 위의 2가지 질환을 동시에 앓지는 않음)

보기

㉠ 매립지와 가까울수록 거주민 대비 환자의 비율이 더 높다.
㉡ 매립지 주변 거주민 중 환자의 비율은 40% 이상이다.
㉢ 모든 연령대에서 거주민 대비 피부 질환자의 비율이 호흡기 질환자의 비율보다 높다.
㉣ 매립지 주변 거주민 중 거주기간이 길수록 거주민 대비 피부 질환자의 비율이 더 높다.

① ㉠, ㉡ ② ㉠, ㉢

③ ㉡, ㉢ ④ ㉢, ㉣

㉠ 매립지와 가장 가까운 1km 미만 지역의 거주민 대비 환자의 비율은 '$\frac{(94+131)}{564}\times100≒39.9$(%)'이며 매립지와의 거리가 2km 이상 3km 미만인 지역의 거주민 대비 환자의 비율은 '$\frac{(77+102)}{282}\times100≒63.5$(%)'이므로 ㉠은 옳지 않다.

㉢ 19세 이하의 연령대에서는 호흡기 질환자의 수가 피부 질환자의 수보다 많기 때문에, 거주민 대비 호흡기 질환자의 비율이 피부 질환자 비율보다 높으므로 ㉢은 옳지 않다.

㉡ 매립지 주변의 거주민 1,375명을 대상으로 조사하였고, 환자는 2가지 질환을 동시에 앓지는 않는다고 하였다. 따라서 매립지 주변 거주민 중 환자의 비율은 '$\frac{(94+131+47+70+77+102+15+42)}{1,375}\times100≒42$%'가 되므로 ㉡은 옳다.

㉣ 거주기간별 거주민 대비 피부 질환자의 비율을 구하면 다음과 같다.

- 1년 미만 : $\frac{10}{131}\times100≒7.6$%
- 1~5년 미만 : $\frac{37}{286}\times100≒12.9$%
- 5~10년 미만 : $\frac{75}{312}\times100≒24$%
- 10년 이상 : $\frac{223}{646}\times100≒34.5$%

따라서 거주기간이 길수록 거주민 대비 피부 질환자의 비율이 더 높다.

56 다음 〈표〉와 같이 각 소비 항목별로 가구원수에 대한 균등화지수를 나타냈을 때 이에 대한 설명으로 적절한 것은?

〈표〉 소비 항목별, 가구원수별 균등화지수

소비항목＼가구원수	2인	3인	4인	5인	6인
식료품비	1.0	1.6	2.0	2.3	2.5
의료비	1.0	1.3	1.5	1.6	1.6

교육비	1.0	1.8	2.5	3.0	3.3
기타 소비 지출	1.0	1.4	1.7	1.9	2.0

※ 균등화지수(Equivalence Scale)는 가구원수가 서로 다른 가계들 간의 생활수준을 비교하기 위한 지수임.

※ 가구원수별 균등화지수는 소비 항목별로 기준 가계(2인 가구)의 소비 지출액을 1.0으로 했을 때 가구의 소비 지출액을 표시함.

① 3인 가구의 경우 총 소비 지출액 중 교육비 지출액이 가장 많다.

② 5인 가구는 2인 가구의 총 소비 지출액의 2배 이상이다.

③ 6인 가구의 식료품비 지출액은 2인 가구 식료품비 지출액의 2.5배이다.

④ 4인 가구의 경우 기타 소비 지출액이 의료비 지출액보다 많다.

정답 해설 6인 가구의 식료품비 소비 지출액에 대한 균등화지수가 2.5이므로, 2인 가구에 비해 6인 가구의 식료품비 소비 지출액이 2.5배라 할 수 있다.

오답 해설 ① 3인 가구의 균등화지수 중 교육비가 1.8로 가장 크다고 해서 3인 가구의 총 소비 지출액 중 교육비가 가장 크다고 볼 수는 없다. 균등화지수는 2인 가구의 소비항목별 소비 지출액을 1.0으로 했을 때 각 가구의 소비항목별 소비 지출액을 표시한 것이므로, 각 가구의 소비항목별 지출액의 차이를 알 수는 없다.

② 5인 가구의 소비항목별 균등화지수가 2인 가구에 비해 2배 이상인 항목도 있고, 2배 이하인 항목도 있으며 ①에서 본 바와 같이 위의 〈표〉를 통해서는 특정 가구의 소비항목별 지출액 차이를 알 수 없으므로, 5인 가구가 2인 가구 총 소비 지출액의 2배 이상이라고 단정할 수는 없다.

④ 균등화지수는 2인 가구를 기준으로 소비항목별로 비교한 것이기 때문에 특정 가구의 소비 지출액 규모를 파악할 수는 없으므로 적절하지 않다.

[57~58] 매일 아침마다 상품을 들여와 진열하고 상품의 현황을 파악하는 업무를 하는 유통매장에서 재고를 효율적이고 쉽게 파악할 수 있도록 다음과 같이 식별코드를 부여하였을 때, 다음 자료를 보고 이어지는 질문에 답하시오.

〈식별코드 부여 방식〉

생산된 순서 – 제조연월 – 지역 – 브랜드 – 상품품목(생산된 순서는 0001부터 차례대로 시작)

〈지역코드〉

지역	번호	지역	번호	지역	번호
경기도	001	강원도	002	제주도	033
충청북도	013	경상북도	021	전라북도	023
충청남도	014	경상남도	022	전라남도	024

〈브랜드별〉

브랜드	번호	브랜드	번호	브랜드	번호
A	101	D	203	G	312
B	415	E	561	H	710
C	052	F	127	I	198

〈상품품목별〉

상품품목	번호	상품품목	번호	상품품목	번호
육류	A101	김치류	G190	홍삼류	H901
과실류	D203	수산물	H810	가정용품	J091
농산물	C401	햄류	T612	생활용품	K011

57 다음 식별코드를 보고 알 수 있는 상품에 대한 정보로 옳은 것은?

1110－1910－022－198－H901

① 1110번째로 제조한 상품이다.

② 지역코드 022를 통해 경상북도에서 제조했음을 알 수 있다.

③ 2020년 1월에 제조한 상품이다.

④ 상품품목코드 H901을 통해 수산물임을 알 수 있다.

정답 해설 1110(1110번째 제조) – 1910(2019년 10월) – 022(경상남도) – 198(I 브랜드) – H901(홍삼류)

정답 57 ①

58 다음은 2020년 4월 5일에 입고된 상품을 분류하여 식별코드를 부여한 것이다. 다음 설명 중 옳지 않은 것은?

0110－2004－001－127－A101	0005－2004－021－415－D203
0112－2004－023－312－K011	0015－2004－002－203－T612
0001－2004－033－198－H901	0105－2004－033－101－G190
0101－2004－021－415－C401	0200－2004－023－052－H810
0002－2004－013－561－T612	0003－2004－013－312－J091
0020－2004－022－710－C401	0013－2004－014－415－H810

① 강원도에서 제조된 상품품목은 햄류이다.
② 105번째로 제조된 상품은 제주도 A 브랜드에서 제조한 김치류이다.
③ 112번째로 제조된 상품과 200번째로 제조된 상품은 둘 다 지역코드가 전라북도이다.
④ 햄류를 제조한 브랜드는 모두 세 군데이다.

정답해설 주어진 입고 현황에 따르면 햄류(T612)를 제조한 브랜드는 브랜드(203)와 E 브랜드(561) 두 군데이다.

오답해설 ① 지역코드 강원도를 포함한 식별코드는 '0015－2004－002－203－T612'이며, 이 식별코드의 상품품목은 햄류(T612)이다.
② 105번째로 제조된 상품의 식별코드는 '0105－2004－033－101－G190'이며, 이 상품은 제주도(033) A 브랜드(101)에서 제조한 김치류(G190)이다.
③ 112번째로 제조된 상품과 200번째로 제조된 상품의 지역코드는 둘 다 전라북도(023)이다.

[59~60] 장 과장은 미국 LA 출장 기간에 지출한 내역을 다음과 같이 정리하여 영수증과 함께 제출하였다. 물음에 답하시오.

날짜	결제 시간	지출 내역	비용
10월 9일	10:20	공항 셔틀버스	10,000원
	12:00	왕복 항공료	752,000원
	12:25	편의점 간식	12,000원
10월 10일	15:05	점심 식사	15달러
	16:00	택시비	10달러
	20:15	저녁 식사	22달러
	21:20	2박 3일 숙박비	270달러
10월 11일	08:45	아침 식사	무료
	09:20	버스비	5달러
	13:30	점심 식사	13달러
	18:50	저녁 식사	17달러
	21:00	접대비	150달러
	22:05	택시비	12달러
10월 12일	07:30	아침 식사	무료
	09:10	택시비	8달러
	11:30	편의점 간식	11달러
10월 13일	13:00	공항 셔틀버스	10,000원

정답 58 ④

59 다음 중 장 과장이 정리한 내역에 대한 설명으로 옳은 것은?

① LA 숙소는 조식을 유료로 제공하였다.

② 숙박비는 2박 3일치를 2번에 나눠 결제하였다.

③ LA에서 교통수단은 택시를 이용했다.

④ 출 · 입국 시 모두 공항 셔틀버스를 이용했다.

정답해설 장 과장이 정리한 내역을 확인해보면 10월 9일, 13일 모두 공항 셔틀버스를 이용한 내역이 있다. 따라서 보기 중 옳은 것은 ④이다.

오답해설 ① 10월 11일, 12일 내역을 보면 LA 숙소는 조식은 무료로 제공하였다.
② 숙박비는 2박 3일치를 10월 10일에 한 번에 결제하였다.
③ 10월 11일 LA에서 버스를 이용한 내역이 있다.

60 현재 1달러에 1,100원의 환율이라고 하면, 다음 중 10월 11일에 지출한 한화 기준 비용은?

① 208,500원 ② 211,000원

③ 214,300원 ④ 216,700원

정답해설 10월 11일의 지출 내역을 모두 합해보면
5달러+13달러+17달러+150달러+12달러=197달러
따라서 1달러에 1,100원의 환율이므로
한화 기준 비용은 197달러×1,100원=216,700원

금융 / 경제 / 일반 상식

01 다음 중 단리법과 복리법의 특징에 대해 잘못 분류한 것은?

	단리법	복리법
①	일정기간마다 원금에 이자를 더한다.	원금에 대해서 약정된 이자율을 곱한다.
②	이자에 이자가 발생하지 않는다.	새로운 이자가 발생한다.
③	원금×약정된 이자율×기간으로 구한다.	(원금+1회차 이자)×이자율×기간으로 구한다.
④	복리법보다 더 적은 이자를 얻는다.	단리법보다 더 많은 이자를 얻는다.

정답해설 단리와 복리는 이자를 계산하는 방법으로, 단리가 원금에 대해서만 약정된 이자율과 기간을 곱해서 이자를 계산하는 방법인 반면 복리는 일정기간마다 이자를 원금에 합쳐 그 합계금액에 대한 이자를 다시 계산하는 방법이다. 즉, 단리 계산은 원금에 대해서만 이자가 붙고 복리 계산은 '원금+이자'에 이자가 붙는 것이므로, 복리 계산이 이자가 훨씬 많이 붙게 된다.

02 다음 중 제로페이에 대한 설명으로 올바른 것은?

① 소비자의 현금이 서울시, 지자체를 거쳐 판매자에게 이체된다.

② 소상공인의 카드결제 수수료 부담을 덜어준다.

③ 이체 수수료는 정부가 부담한다.

④ 소비자는 60%의 소득공제를 받을 수 있다.

정답해설 제로페이(ZERO-PAY)는 소상공인의 가맹점수수료 부담을 줄여주기 위해 정부와 서울시, 지자체, 금융회사, 민간 간편결제 사업자가 협력하여 도입한 공동QR코드 방식의 모바일 간편결제서비스로 민관이 협력하여 간편결제와 계좌이체 수수료는 대폭 낮추고 QR코드를 사용하여 간편하게 결제할 수 있는 서비스를 제공한다.

오답해설 ① 제로페이는 간편 결제 앱을 매장 단말기의 QR 리더기에 대면 은행 계좌에 있던 현금이 바로 판매자에게 이체되는 계좌간 직접 결제 방식을 이용하고 있다.

③ 제로페이 결제 시 발생하는 이체 수수료는 협약을 맺은 은행 및 간편 결제 사업자가 부담한다.

정답 59 ④ | 60 ④ | 01 ① | 02 ②

④ 제로페이를 이용했을 경우 소상공인은 결제 수수료 0%, 소비자는 소득공제 40% 및 공공시설 할인 혜택 등을 받을 수 있다.

03 다음 중 핀테크 기술이 사용된 서비스에 포함되지 않는 것은?

① 모바일 결제 ② 개인자산관리
③ PF 대출 ④ 클라우드 펀딩

정답 해설 금융(Financial)과 기술(Technology)의 합성어인 핀테크(FinTech)는 정보기술(IT)로 진화된 금융서비스 기술이며 빠른 속도와 비용 절감을 장점으로 전통적 금융 산업을 대체해 빠르게 성장하였다. 모바일 결제, 개인자산관리, 클라우드 펀딩, P2P 대출 등이 속한다.

04 본인이 아니면 어떤 방식으로도 조회가 되지 않도록 개발되어 금융사기를 예방하기 위해 출시된 통장의 이름은?

① 파킹통장 ② 바운스통장
③ CMA통장 ④ 스텔스통장

정답 해설 스텔스통장은 적의 레이더망에 걸리지 않아 존재를 숨길 수 있는 최첨단 전투기 '스텔스'에서 이름을 딴 통장으로 본인이 아니면 어떤 방식으로도 조회가 되지 않는 비밀 계좌이며 금융사기를 예방하기 위해 출시되었다. 인터넷으로 조회가 불가능하고 예금주가 직접 은행을 방문해야만 입출금을 할 수 있는 철저히 비밀이 보장되는 통장으로 일명 '비상금 통장', '전자금융거래제한 계좌'를 말한다.

오답 해설 ① 파킹통장은 운행을 멈추고 잠시 차를 세워놓는 '파킹(Parking)'처럼 주차하듯이 목돈을 은행에 잠시 보관하는 용도로 사용하는 통장을 말한다. 일반적으로 은행의 수시 입출금 통장은 연 0.1~0.2%(세전) 수준의 이자를 지급하지만, 파킹통장은 일정 금액 이상이 통장에 예치되어 있으면 연 1%를 넘는 금리를 지급한다. 또한 정기예금 · 적금과 달리 수시로 돈을 넣고 뺄 수 있는 것은 물론 예금자 보호법에 따라 5000만 원까지 원금 보장이 된다는 장점이 있다.

② 바운스통장은 마치 공이 튀어 오르듯 일반 수시입출금 통장(0.1~0.2%)에 비해 이자를 많이 준다는 의미에서 이런 명칭이 붙었으며 자금을 언제든지 쓸 수 있으면서 이자가 비교적 높아 단기자금을 운용하는 데 유용한 통장이다. 저금리 기조가 계속되는 경우 여유 자금을 가진 자산가들 사이에서 주목된다.

③ CMA통장은 은행이 아닌 증권사나 종금사에서 만들 수 있는 통장으로 단 하루만 돈을 맡겨도 이자가 발생하기 때문에 일반 예금 통장과 달리 단기간에 자금을 모을 수 있다는 장점이 있다. 또한 자유 입출금이 가능하기 때문에 체크카드를 만들어서 사용이 가능하다.

05 구리와 니켈 등을 제련하는 과정에서 나오는 부산물인 팔라듐이 금의 가격을 제치고 최고치를 경신하며 고공행진을 기록하는 이유를 설명한 것으로 올바르지 않은 것은?

① 휘발유 차량의 매연을 정화시켜주는 촉매제의 필수원료로 사용되고 있다.

② 전자정보 산업분야의 미래 신소재로 주목받고 있다.

③ 세계적으로 수요가 급증하고 있지만 공급이 따라가지 못하고 있다.

④ 팔라듐을 연료전지의 촉매제로 사용하는 수소차의 대중화가 커지고 있다.

정답해설 팔라듐(Palladium)은 구리와 니켈 등을 제련하는 과정에서 나오는 부산물로 다른 백금속 원소들과 마찬가지로 산화반응의 촉매로 작용할 수 있으며 자동차 배기가스 속 유해성분을 무해한 성분으로 환원시키는 연료전지에 주로 사용된다. 팔라듐의 가격은 금속 시장에서 가장 가격이 비쌌던 금의 가격을 이미 역전했고 연일 사상 최고치를 경신하며 고공행진을 기록하고 있는데 휘발유 차량의 매연을 정화해주는 촉매제의 필수 원료라는 점이 부각되었고 이로 인한 수요가 세계적으로 증가했지만 그 공급은 따라가지 못하고 있다는 점, 대중화가 크게 진행되고 있는 수소차의 연료전지에서 산화환원 반응을 일으키기 위한 촉매제로도 사용된다는 점 등이 그 요인으로 꼽힌다. ②는 그래핀(Graphene)에 대한 설명으로 탄소 원자와 원자 1개의 두께로 이루어진 얇은 막이며 구리보다 100배 이상 전기가 잘 통하고, 반도체로 주로 쓰이는 단결정 실리콘보다 100배 이상 전자를 빠르게 이동시킬 수 있기 때문에 전자정보 산업분야의 미래 신소재로 주목받고 있다.

06 다음 중 어떤 나라의 통화가 기축통화로 인정받기 위한 조건으로 알맞지 않은 것은?

① 세계적으로 원활히 유통될 수 있도록 유동성이 풍부해야 한다.
② 거래당사자들이 믿고 사용할 수 있도록 신뢰성을 갖추어야 한다.
③ 외국환관리가 존재하지 않아야 한다.
④ 당사국이 국제적으로 경제, 정치, 군사적인 인정을 받고 있어야 한다.

정답해설 기축통화는 여러 국가의 암묵적 동의하에 국가 간 무역거래 및 금융거래의 결제, 그리고 준비자산으로 널리 이용되는 통화를 말하며 어떤 나라의 통화가 기축통화가 되기 위해선 세계적으로 원활히 유통될 수 있도록 유동성이 풍부하고 거래당사자들이 믿고 사용할 수 있도록 신뢰성을 갖추어야 하며 국제적으로 경제력은 물론 정치, 군사력까지 인정받는 국가의 통화여야 한다. ③은 준비통화에 대한 설명으로 국제간 결제에 쓰일 수 있고, 통화가치가 안정되어 있으며, 외국환관리가 존재하지 않는 등의 요건을 구비한 통화가 준비통화로서의 지위를 갖는다.

07 다음 중 미국의 주식시장인 나스닥이 세계적인 인기를 끄는 이유로 옳은 것은?

① 일반투자자에게 새로운 투자수단을 제공할 수 있다.
② 중소기업의 자금조달창구를 마련할 수 있다.
③ 회사설립 초기 적자를 기록하는 기업도 참여할 수 있다.
④ 미래에 높은 수익을 거둘 수 있다.

정답해설 나스닥(NASDAQ)은 세계 각국의 장외 주식시장의 모델이 되고 있는 미국의 특별 주식시장으로 미국뿐만 아니라 전세계의 벤처기업들이 자금조달을 위한 활동기반을 여기에 두고 있다. 나스닥이 인기를 끄는 이유는 회사설립 초기 적자를 기록하는 기업에도 문호를 개방하고 있어 기업들이 주식시장에 쉽게 참여할 수 있기 때문이며 투자자들로서도 위험성은 뒤따르나 높은 이익을 남길 수 있다는 매력에 끌리고 있다.

오답해설 ①, ②, ④는 코스닥(KOSDAQ)에 관한 설명으로 증권거래소와 같은 특정한 거래장소가 없고 컴퓨터와 통신망을 이용해 주식을 매매하는 전자거래 시장이며 중소기업의 자금조달창구를 마련하는 한편 일반투자자에게 새로운 투자수단을 제공하기 위해 1996년 7월 개설되었다. 증권거래소에 비해 규제가 덜한 편이며, 비교적 진입과 퇴출이 자유롭다. 또 미래에 높은 수익을 거둘 수 있지만 위험도 높다.

08 다음 중 암호화폐 거래소에서 조심해야 할 위험요소로 알맞은 것은?

① 서버를 통해 암호화폐를 갈취하고 거래소의 계정 정보를 해킹한다.

② 폭발적인 접속률과 거래량으로 인해 서버가 종종 다운된다.

③ 여러 거래소의 난립으로 고객들의 혼란을 야기한다.

④ 통화의 불분명한 유통경로 때문에 암호화폐의 신용도가 하락한다.

정답 해설 암호화폐 거래소는 암호화폐를 직접 사고파는 일을 돕기 위해 암호화폐를 가진 사람과 그걸 사고자 하는 사람을 기능적으로 연결시켜주는 곳으로 이러한 거래소의 가장 큰 위험은 해킹에 대한 위험이다. 이는 암호화폐 거래소 서버를 통해 암호화폐를 갈취하거나 거래소의 계정 정보를 해킹하는 방식 등으로 이뤄지며 한국의 경우 암호화폐 거래의 투명성을 확보하고 범죄 피해를 예방하기 위해 암호화폐 거래실명제를 실시하고 있다.

09 증권시장에서 주식을 새로 거래하기 위해 모집 또는 매출의 방법으로 주식을 발행하거나 이미 발행한 주식을 매도하는 행위는?

① 배당 ② 공매도

③ 상장 ④ 기업공개

정답 해설 기업공개는 증권시장 상장을 위해 주식을 새로 발행하거나 이미 발행된 주식을 매도하는 것으로 기업은 이러한 기업공개를 통해 재무구조를 개선하고 자금을 조달할 수 있으며 특히 벤처기업은 사업성만 좋으면 거액의 기업운영자금을 조성, 기업확장비용 및 연구개발비로 사용할 수 있다.

① 배당은 기업이 주식을 가지고 있는 사람들에게 그 소유 지분에 따라 이윤을 분배하는 것으로 영업 연도를 기준으로 한다.

② 공매도는 말 그대로 '없는 것을 판다'라는 뜻으로 주식이나 채권을 가지고 있지 않은 상태에서 매도 주문을 내는 것을 말한다. 가지고 있지 않은 주식이나 채권을 판 후 결제일이 돌아오는 3일 안에 해당 주식이나 채권을 구해 매입자에게 돌려주면 되기 때문에, 약세장이 예상되는 경우 시세차익을 노리는 투자자가 활용하는 방식이다.

③ 상장은 증권거래소에서 매매할 수 있는 품목(종목)을 지정하는 일로 국채 같은 경우 거래소가 임의로 상장하기도 하고, 필요에 따라 정부에서 상장하도록 명령하기도 한다.

10 금융시장이 극도로 불안한 상황일 때 은행에 돈을 맡긴 사람들이 대규모로 예금을 인출하는 사태를 이르는 말은?

① 더블딥 ② 디폴트

③ 펀드런 ④ 뱅크런

뱅크런(Bank Run)은 대규모 예금 인출사태를 의미하는 말로 금융시장이 불안하거나 거래은행의 제정상태가 좋지 않다고 판단될 때 많은 사람들이 한꺼번에 예금을 인출하려고 하면서 은행이 위기를 맞는다. 이렇게 되면 예금으로 다양한 금융활동을 하고 거기서 수익을 창출하는 은행의 입장에서는 당장 돌려줄 돈이 바닥나는 패닉 현상이 닥치게 되는데 이를 뱅크런이라 한다.

오답해설

① 더블팁(Double Dip)은 경기침체 후 잠시 회복기를 보이다가 다시 침체에 빠지는 이중침체 현상으로 일반적으로 2분기 연속 마이너스 성장을 기록하는 경우를 경기침체로 규정하는데, 더블딥은 이러한 경기침체가 두 번 계속된다는 뜻이다. 우리말로는 '이중하강', '이중하락', '이중침체' 등 여러 용어로 번역되어 사용되고 있다.

② 디폴트(Default)는 공사채나 은행융자 등에 대해서 원리금의 지불채무가 이행될 수 없는 것을 말하며, 보통 채무불이행으로 이해한다. 즉, 공사채나 은행융자 등에 있어서는 계약상 원금의 변제시기, 이율 및 이자의 지불시기 등이 확정되어 있으나 채무자가 사정에 의하여 원리금 지불채무를 계약에 정해진 대로 이행할 수 없는 상황에 빠지는 것이 디폴트이다.

③ 펀드런(Fund Run)은 펀드 투자자들이 펀드의 수익률이 떨어지거나 부실해 질 것을 우려해 펀드를 일시에 대량으로 환매함으로써 펀드들이 주식을 투매하는 현상을 말하며 넓게는 이로 인해 발생하는 금융 패닉(공황) 현상까지를 포함한다.

11 다음 중 신용장에 대해서 바르게 설명한 것은?

① 보험 중개인이 보험 계약자에게 계약의 존재를 증명하기 위해 교부한다.

② 운송계약에 따라 주선인이 그때마다 발행한다.

③ 상품대금의 지급보증을 위하여 수입상의 거래은행이 발행한다.

④ 국내에서 생산된 물품을 외화 획득용 원료 또는 물품으로 구매하는 경우에 외국환은행의 장이 내국신용장에 준하여 발행한다.

1DAY 2DAY 3DAY

정답해설 신용장(L/C)는 은행이 거래처의 요청으로 신용을 보증하기 위하여 발행하는 증서로 상품대금의 지급보증을 위하여 수입상의 거래은행이 발행하는데 수입업자는 거래 은행에 의뢰하여 자신의 신용을 보증하는 증서를 작성하게 하고, 이를 상대국 수출업자에게 보내어 그것에 의거한 어음을 발행하게 하면 신용장 발행은행이 그 수입업자의 신용을 보증하고 있으므로 수출지의 은행은 안심하고 어음을 매입할 수 있다. 그리고 수출업자는 수입업자의 신용상태를 직접 조사 · 확인하지 않더라도 확실하게 대금을 받을 수 있게 된다.

오답해설 ① 보험 인수장에 관한 설명이다.
② 운송주선인의 화물 수령증에 관한 설명이다.
④ 구매승인서에 관한 설명이다.

12 주가나 거래량의 단기 이동평균선이 중장기 이동평균선을 아래에서 위로 돌파해 올라가는 경제 현상을 일컫는 용어는?

① 데드크로스 ② 골든크로스

③ 실버크로스 ④ 라이브크로스

정답해설 골든크로스(Golden Cross)는 주가를 예측하는 기술적 분석상의 한 지표로 단기 주가이동평균선이 장기 주가이동평균선을 아래서 위로 급속히 돌파하는 상황을 말하며 강세장으로의 강력한 전환신호로 해석된다. 보통 단기, 중기, 장기로 나뉘는데 단기 골든크로스는 5일 이동평균선이 20일 이동평균선을 상향 돌파하는 것을 말하며, 중기 골든크로스는 20일 이동평균선이 60일 이동평균선을 상향 돌파하는 것, 그리고 장기 골든크로스는 60일 이동평균선이 100일 이동평균선을 상향 돌파하는 것을 말한다.

정답 10 ④ | 11 ③ | 12 ②

오답 해설 ① 데드크로스(Dead Cross)는 골든크로스의 반대 상황에 쓰이는 용어로 약세장으로의 전환신호이며 중기적인 주가를 예측하는 기술적 분석상의 지표로서 활용된다.

③ 실버크로스(Silver Cross)는 선거에서 지지율 2위 후보와 3위 후보의 지지율이 역전되는 현상으로 지지율 1, 2위 후보의 지지율이 역전되는 상황 역시 '골든크로스(Golden cross)'라고 일컬은 것에서 파생되었다.

13 소수의 투자자로부터 자금을 모집하여 운영하는 사모펀드의 일종으로, 시장상황에 개의치 않고 절대수익을 추구하는 펀드는?

① 벤처펀드 ② 벌처펀드

③ 스폿펀드 ④ 헤지펀드

정답 해설 헤지펀드(Hedge Fund)는 주식, 채권, 파생상품, 실물자산 등 다양한 상품에 투자해 목표 수익을 달성하는 것을 목적으로 하는 펀드로 불특정 다수로부터 자금을 유치하는 공모펀드보다는 대규모 자금을 굴리는 100명 미만의 투자자로부터 자금을 모아 파트너십을 경성한 뒤 조세피난처에 거점을 마련해 활동하는 사모펀드 형태가 일반적이다.

오답 해설 ① 벤처펀드(Venture Fund)는 여러 투자자로부터 자금을 모아 벤처기업이나 갓 창업한 기업에 자금을 투자하는 펀드로 투자위험도가 높은 벤처기업에 접근하려는 개인투자자들을 위해 만들어진 것이다.

② 벌처펀드(Vulture Fund)는 파산한 기업이나 자금난에 부딪쳐 경영 위기에 처한 기업을 싼값에 인수하여 경영을 정상화시킨 후 비싼 값으로 되팔아 단기간에 고수익을 올리는 자금으로 고위험 · 고수익을 특징으로 한다.

③ 스폿펀드(Spot Fund)는 주식시장에서 인기주로 부상할 가능성이 있는 특정한 테마군의 주식들을 소규모로 묶어 단기간의 고수익을 노릴 수 있도록 고안된 주식형 수익증권이다.

14 다음 중 가치소비에 대한 설명으로 옳지 않은 것은?

① 자신이 가치를 부여하고 만족도가 높은 것에 과감히 소비한다.

② 지향하는 가치의 수준을 낮추지 않는다.

③ 가격 · 만족도 등을 꼼꼼히 따져 합리적으로 소비한다.

④ 경제위기가 왔을 때 과도하게 아끼는 성향이 있다.

정답해설 가치소비는 자신이 가치를 부여하거나 본인의 만족도가 높은 소비재는 과감히 소비하고, 지향하는 가치의 수준은 낮추지 않는 대신 가격 · 만족도 등을 꼼꼼히 따져 합리적으로 소비하는 성향으로 남을 의식하는 과시소비와 실용적, 자기만족적이며 무조건 아끼는 알뜰소비와 달리 가격 대비 만족도가 높은 제품에 대해서는 과감한 투자를 행한다.

15 다음 중 라스트핏 이코노미에 해당하는 유형이 아닌 것은?

① 배송의 라스트핏

② 이동의 라스트핏

③ 정보공유의 라스트핏

④ 구매여정의 라스트핏

정답해설 라스트핏 이코노미(Last Fit Economy)는 소비자가 얻는 최종적인 만족을 최적화한다는 뜻으로, 온라인과 비대면 사업이 급증하면서 소비자와의 마지막 접점까지 고려해야 한다는 의미를 담고 있으며 상품의 가격과 품질, 브랜드 등 객관적 가치보다는 마지막 순간에 느끼는 주관적인 만족이 상품을 선택하는 데 있어 중요한 기준이 되었음을 반영한다. 이러한 라스트핏 이코노미는 쇼핑의 번거로움을 없애주는 '배송의 라스트핏', 목적지까지 가장 편하게 갈 수 있는 '이동의 라스트핏', 구매와 경험의 모든 여정에서 만족을 얻는 '구매 여정의 라스트핏'으로 나눌 수 있다.

16 다음 중 일코노미 제품에 해당하지 않는 것은?

① 1통을 여러 조각으로 나누어 저렴하게 파는 수박

② 1인 가구에게만 우대금리를 제공하는 전용 신용카드

③ 여러 사람이 함께 사용할 수 있는 넓은 의자

④ 세제, 쓰레기봉투 등이 함께 포함된 홈 주방용품

정답 13 ④ | 14 ④ | 15 ③ | 16 ③

정답 해설 일코노미는 한사람을 뜻하는 1인과 경제를 뜻하는 이코노미가 합쳐진 신조어로 혼자 사는 1인 가구가 증가함에 따라 나홀로족을 잡을 수 있도록 1인이 소비할 수 있는 제품들이 증가하고 있는 추세이다.

17 다음 중 노동부장관이 최저임금위원회의 심의를 거쳐 다음 연도 최저임금을 결정할 때 고시해야 하는 매년 날짜는?

① 6월 20일 ② 7월 14일

③ 8월 5일 ④ 9월 16일

정답 해설 최저임금제는 국가가 노사 간의 임금결정과정에 개입하여 임금의 최저수준을 정하고, 사용자에게 이 수준 이상의 임금을 지급하도록 법으로 강제함으로써 저임금 근로자를 보호하는 제도로 노동부장관은 다음 연도 최저임금을 최저임금위원회의 심의를 거쳐 매년 8월 5일까지 결정하여 지체 없이 고시하여야 하며, 고시된 최저임금은 다음 연도 1월 1일부터 12월 31일까지 효력이 발생한다.

18 다음 중 시간제 근로자가 주휴수당을 지급받기 위해 충족해야 하는 근무 여부는?

① 1주일 14시간 이상 근무 ② 1주일 15시간 이상 근무

③ 2주일 18시간 이상 근무 ④ 2주일 20시간 이상 근무

정답 해설 주휴수당은 1주 동안 규정된 근무일수를 다 채운 근로자에게 유급 주휴일을 주는 것으로 주휴일에는 근로 제공을 하지 않아도 되며, 1일분의 임금을 추가로 지급받을 수 있다. 월급 근로자의 경우 월급에 주휴수당이 포함되어 있지만 시간제 근로자 등의 경우 '1주일 15시간 이상' 근무 여부에 따라 주휴수당 지급 여부가 결정된다.

19 다음 중 팬슈머에 대한 설명으로 옳지 않은 것은?

① 소비자가 직접 투자 및 제조 과정에 참여한다.
② 상품이나 브랜드를 키워냈다는 경험과 즐거움을 느끼면서 소비에 뛰어든다.
③ 적극적인 소비와 무조건적인 지지를 동반한다.
④ 해당 기업, 제품, 브랜드에 대한 아이디어를 제공하여 기업, 상품의 품질을 높인다.

정답해설 팬슈머(Fansumer)는 직접 투자 및 제조 과정에 참여해서 상품이나 브랜드를 키워내는 소비자로 생산 과정에 참여해 자신이 상품이나 브랜드를 키워냈다는 경험과 즐거움을 느끼면서 소비에 뛰어든다. 이들은 적극적인 소비에 나서지만 무조건적으로 지지만 하지 않고 비판, 간섭, 견제도 일삼는다는 특징을 가진다.

1DAY 2DAY 3DAY

20 다음 중 스트리밍 라이프에 대한 설명으로 옳지 않은 것은?

① 소유 대신 구독과 경험을 더 중시한다.
② 적은 비용으로 다양한 경험을 중시한다.
③ 다채로운 경험으로 본인만의 취향을 찾는 것에 몰두한다.
④ 오랜 기간 동안 상품을 경험하길 바라는 소비자에게 적합하다.

정답해설 스트리밍 라이프(Streaming Life)는 음악 파일 등을 내려 받지 않고 네트워크를 통해 물 흐르듯 재생하는 스트리밍 기술처럼 집, 가구, 차 등을 소유하지 않고 향유하거나 경험을 추구하는 소비의 의미를 담고 있으며 서비스와 재화를 구입해서 오랜 기간 쓰기보다는 짧은 주기라도 다양한 상품을 직접 경험해보길 원하는 소비자에게 적합한 개념이다.

정답 17 ③ | 18 ② | 19 ③ | 20 ④

21 **제품을 빠르게 최소요건으로 제조한 뒤 시장의 반응을 보고 다음 제품에 반영하는 것을 반복하여 성공확률을 높이는 경영 방법은?**

① 테크 스타트업 ② 린 스타트업
③ 그레이 스타트업 ④ 하드웨어 스타트업

정답해설 린 스타트업(Lean Startup)은 제품을 빠르게 최소요건으로 제조한 뒤 시장의 반응을 보고 다음 제품에 반영하는 것을 반복하여 성공확률을 높이는 경영 방법으로 미국의 벤처기업가 에릭 리스가 만들어낸 개념이다. 제조, 측정, 학습의 과정을 반복하며 꾸준히 혁신해 나가는 것을 주요 내용으로 한다.

오답해설 ① 테크 스타트업(Tech Startup)은 신기술 기반으로 부가가치를 창출해내는 신생 벤처기업을 뜻하는 말로 전자상거래 등 서비스형 스타트업과 구분된다.
③ 그레이 스타트업(Gray Startup)은 인터넷과 모바일 기술의 비약적 발전을 기반으로 탄생한 스타트업 또는 벤처 가운데 기존 법 · 제도 체계로는 규정되지 않거나, 사각지대에서 사업이나 서비스를 영위하는 기업을 일컫는다.
④ 하드웨어 스타트업(Hardware Startup)은 첨단 제품을 생산 · 판매하는 제조업 기반의 신생 사업체로 전통 제조업에 기반을 두고 있긴 하지만 제품에 아이디어와 혁신이 담긴 소프트웨어를 무기로 차별화하고 있다.

22 **오프라인에서 제품을 살펴본 후 온라인을 통해 더 저렴한 가격으로 제품을 구매하는 사람들을 지칭하는 용어는?**

① 쇼루밍족 ② 그루밍족
③ 포미족 ④ 스완족

정답해설 쇼루밍족(Showrooming)은 오프라인에서 제품을 살펴본 후 온라인을 통해 더 저렴한 가격으로 제품을 구매하는 사람들을 지칭하며 온라인 쇼핑에 대한 거부감이 줄어들고 스마트폰을 이용한 가격 비교가 보편화되면서 등장한 쇼핑족이다. 쇼루밍족으로 인해 온라인 쇼핑몰 매출은 급성장했지만 기존 오프라인 대형 유통업체에는 큰 위협이 되고 있으며 반대로 가격보다 편리함을 우선시하고 온라인 쇼핑을 통해 제품을 구경하여 오프라인 매장에서 구매하는 사람들은 역쇼루밍족이라고 한다.

② 그루밍족(Grooming)은 여성의 뷰티(Beauty)에 해당하는 남성의 미용용어로, 마부(Groom)가 말을 빗질하고 목욕을 시켜주는 데서 유래한 패션과 미용에 아낌없이 투자하는 남자들을 가리키는데, 이들은 자신을 돋보이도록 하기 위해서는 피부와 두발, 치아 관리는 물론 성형수술까지 마다하지 않는다. 외모와 패션에 신경을 쓰는 메트로섹슈얼족이 늘어나면서 그루밍족도 갈수록 증가하는 추세이다.

③ 포미족(For Me)은 건강(For health), 싱글(One), 여가(Recreation), 편의(More convenient), 고가(Expensive)의 첫 글자를 따서 만든 신조어로 경기 불황 속에서도 자신이 가치를 두는 것은 다소 비싸더라도 구매하는 소비자들을 말한다.

④ 스완족(Swans)는 '강하고 사회적으로 성공한 미혼 여성(Strong Women Achiever, no Spouse)'의 약어로 도시에 거주하는 능력 있고 진취적이며 자기계발을 위해 노력하는 전문직 여성을 가리키는 말이다.

23 진짜보다 가치 있는 가짜 상품을 적극적으로 소비하는 사람들을 의미하는 용어는?

① 트윈 슈머 ② 메타 슈머

③ 트라이 슈머 ④ 페이크 슈머

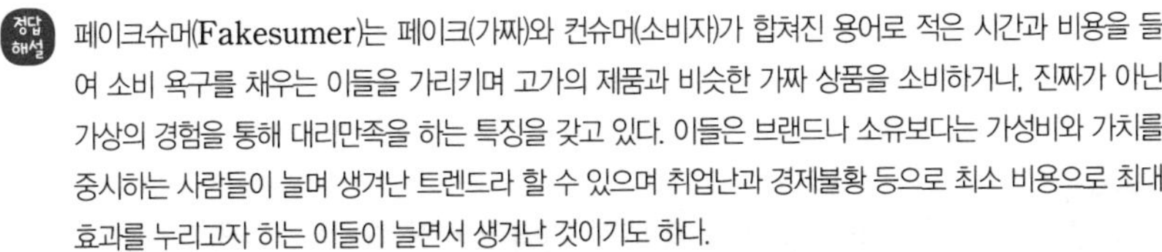

정답 해설 페이크슈머(Fakesumer)는 페이크(가짜)와 컨슈머(소비자)가 합쳐진 용어로 적은 시간과 비용을 들여 소비 욕구를 채우는 이들을 가리키며 고가의 제품과 비슷한 가짜 상품을 소비하거나, 진짜가 아닌 가상의 경험을 통해 대리만족을 하는 특징을 갖고 있다. 이들은 브랜드나 소유보다는 가성비와 가치를 중시하는 사람들이 늘며 생겨난 트렌드라 할 수 있으며 취업난과 경제불황 등으로 최소 비용으로 최대 효과를 누리고자 하는 이들이 늘면서 생겨난 것이기도 하다.

① 트윈 슈머(Twinsumer)는 트윈(쌍둥이)과 컨슈머(소비자)가 합쳐진 단어로 기존의 소비자와 동일한 기호와 성향을 가지고 있다고 해서 결합된 신조어이자 다른 사람들의 사용후기나 경험담을 참고하여 구매하는 소비자를 일컫는 말이다.

② 메타 슈머(Metasumer)는 메타(변화)와 컨슈머(소비자)의 합성어로 기존의 제품을 자신의 개성과 취향에 맞게 변형시켜 사용하는 특성을 지닌 소비자들을 일컫는 말이다.

③ 트라이 슈머(Trysumer)는 트라이(시도하다)와 컨슈머(소비자)가 합쳐진 체험적 소비자로 회사나 광고 등을 통해 제공되는 정보에 의존하기보다는 새로운 서비스, 제품을 직접 경험하길 원한다.

정답 21 ② | 22 ① | 23 ④

24 **네티즌들이 이메일이나 다른 전파 가능한 매체를 통해 자발적으로 어떤 기업이나 기업의 제품을 홍보할 수 있도록 제작하여 널리 퍼지는 마케팅 기법은?**

① 버즈 마케팅
② 니치 마케팅
③ 데카르트 마케팅
④ 바이럴 마케팅

정답 해설 바이럴 마케팅(Viral Marketing)은 네티즌들이 이메일이나 다른 전파 가능한 매체를 통해 자발적으로 어떤 기업이나 기업의 제품을 홍보할 수 있도록 제작하여 널리 퍼지는 마케팅 기법으로, 컴퓨터 바이러스처럼 확산된다고 해서 이러한 이름이 붙었다. 2000년 말부터 확산되면서 새로운 인터넷 광고 기법으로 주목받기 시작하였고 기업이 직접 홍보를 하지 않고, 소비자의 이메일을 통해 입에서 입으로 전해지는 광고라는 점에서 기존의 광고와 다르다.

오답 해설
① 버즈 마케팅(Buzz Marketing)은 소비자들이 자발적으로 메시지를 전달하게 하여 상품에 대한 긍정적인 입소문을 퍼뜨리는 마케팅 기법으로 꿀벌이 윙윙거리는 것처럼 소비자들이 상품에 대해 말하는 것을 마케팅으로 삼았다.
② 니치 마케팅(Niche Marketing)은 마치 틈새를 비집고 들어가는 것과 같다는 뜻에서 붙여진 이름으로 특정한 성격을 가진 소규모의 소비자를 공략하는 판매기법이다.
③ 데카르트 마케팅(Techart Marketing)은 기술(Tech)과 예술(Art)의 합성어로 하이테크 기술을 바탕으로 생산된 제품에 예술적 디자인을 적용하여 소비자의 감성에 호소하고 브랜드 이미지와 품격을 높이는 마케팅 기법이다.

25 **다음 중 올림픽 파트너에 대한 설명으로 옳지 않은 것은?**

① 국제올림픽위원회에 의해 선정된다.
② 올림픽 관련 각종 스폰서십 중 가장 포괄적이고 독점적인 권리를 보장받는다.
③ 각 분야별로 두 개 이상의 기업까지 참여할 수 있다.
④ 올림픽 운영에 필요한 첨단 기술이나 제품을 보유한 기업에게만 주어진다.

올림픽 파트너(The Olympic Partner)는 국제적으로 국제올림픽위원회(IOC)에 의해 올림픽의 주요한 사업 분야별로 선정된 대표 기업에 대해 기술적 · 재정적으로 지원하고 그 대가로 올림픽에 대하여 광고 · 홍보 · 마케팅 활동을 하도록 한 제도로, 올림픽과 관련된 각종 스폰서십 중 가장 포괄적이고 독점적인 권리를 보장한다. 올림픽 파트너는 올림픽 운영에 필요한 첨단 기술이나 제품을 보유한 세계적 기업에게만 주어지는 자격이며 각 분야별로 한 개 기업씩 참여할 수 있다.

26 가격이 오르고 있음에도 불구하고 특정 계층의 허영심 또는 과시욕으로 인해 수요가 줄어들지 않고 오히려 증가하는 현상은?

① 밴드웨건 효과　　② 스놉 효과
③ 베블렌 효과　　④ 디드로 효과

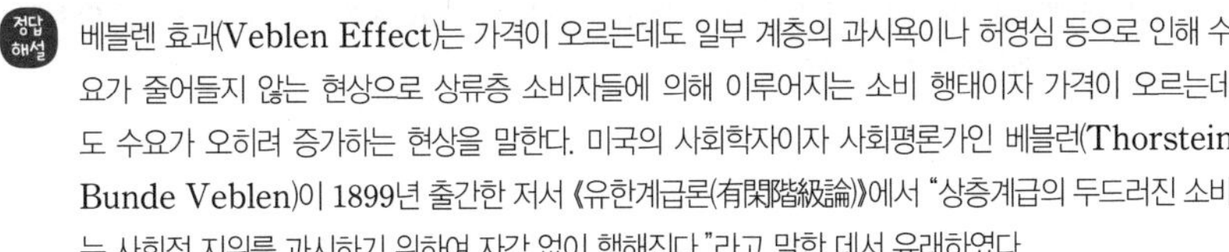

베블렌 효과(Veblen Effect)는 가격이 오르는데도 일부 계층의 과시욕이나 허영심 등으로 인해 수요가 줄어들지 않는 현상으로 상류층 소비자들에 의해 이루어지는 소비 행태이자 가격이 오르는데도 수요가 오히려 증가하는 현상을 말한다. 미국의 사회학자이자 사회평론가인 베블런(Thorstein Bunde Veblen)이 1899년 출간한 저서 《유한계급론(有閑階級論)》에서 "상층계급의 두드러진 소비는 사회적 지위를 과시하기 위하여 자각 없이 행해진다."라고 말한 데서 유래하였다.

① 밴드왜건 효과(Band Wagon Effect)는 한 소비자가 어떤 재화를 소비할 때, 다른 소비자들이 그 재화를 많이 소비하는 데서 영향을 받아 소비하는 경우. 즉, 유행에 따르는 소비 형태로 행렬을 선도하는 악대차인 밴드왜건이 지나가면 사람들이 모여들기 시작하고, 몰려가는 사람을 바라본 많은 사람들이 무엇인가 있다고 생각하고 무작정 뒤따르면서 군중들이 불어나는 현상에서 유래했다.

② 스놉 효과(Snop Effect)는 특정 상품에 대한 소비가 증가하면 그 상품의 수요가 줄어드는 현상으로 다른 이들의 소비를 모방하는 사람이 있다면 정반대 성향을 보이는 사람도 있다.

④ 디드로 효과(Diderot Effect)는 하나의 상품을 구입함으로써 그 상품과 연관된 제품을 연속적으로 구입하게 되는 현상으로 단순한 기능적 연계뿐만 아니라, 소비자가 상품과 상품 사이에 정서적–심미적 동질성까지 느끼기 때문에 일어나며 외부에 관찰 가능성이 높은 품목이거나 그 제품이 소비자가 중시하는 가치를 반영할수록 이 현상은 강하게 나타난다. 18세기 프랑스 철학자 디드로가 서재용 가운을 선물 받은 뒤 옷에 맞춰 책상을 교체한 일화에서 유래했다.

27 다음 중 멀티 페르소나가 발현된 사람에 대한 설명으로 올바른 것은?

① 상황에 맞게 다양한 정체성을 가진다.
② 사회적 지위나 가치관에 얽매이지 않는다.
③ 디지털 공간에서의 책임을 회피한다.
④ 공과 사의 구분이 모호하다.

정답 해설 멀티 페르소나(Multi Persona)는 사람들이 자기 상황에 맞추어 여러 개의 가면을 그때그때 바꿔 사용한다는 의미를 지녔으며 가정, 직장, SNS에서 마치 다양한 가면을 쓴 배우처럼 매 순간 변화하는 현대인의 모습을 지칭한다. 모르는 사람끼리 함께 모인 느슨한 유대를 선호하는 젊은 층의 성향도 다중 정체성에서 찾을 수 있다.

오답 해설
② 멀티 페르소나는 심리학적으로는 타인에게 파악되는 자아 또는 자아가 사회적 지위나 가치관에 의해 타인에게 투사된 성격을 의미한다.
③ 멀티 페르소나는 이성과 의지를 갖고 디지털 공간에서 적극적으로 활동하고 책임을 지는 주체를 뜻한다.
④ 멀티 페르소나는 자신의 공적인 일과 사생활을 엄격히 구분하며 세분화된 개성과 취향을 만족시켜줄 제품과 서비스를 갈망한다.

28 2000년 초반 정보기술(IT) 붐과 함께 유년 시절부터 인터넷 등의 디지털 환경에 노출된 세대로 신기술에 민감할 뿐만 아니라 이를 소비활동에도 적극 활용하고 소셜미디어를 적극 활용, 신중하게 구매하는 경향을 가진 세대는?

① Y세대 ② Z세대
③ N세대 ④ P세대

정답 해설 Z세대는 밀레니엄 세대(1980년대 중반부터 1990년대 중반 사이에 태어난 세대)를 잇는 세대로 1990년대 중반에서 2000년대 중반까지 출생한 세대를 Z세대로 분류하지만 언제까지를 Z세대의 끝으로 간주할 지에 대해서는 통일된 의견이 없다. 이들을 규정하는 가장 큰 특징은 '디지털 원주민(Digital Native)'으로 2000년 초반 정보기술(IT) 붐과 함께 유년 시절부터 인터넷 등의 디지털 환경에 노출된 세대답게 신기술에 민감할 뿐만 아니라 이를 소비활동에도 적극 활용하고 있으며 소셜미디어를 적극 활용, 신중하게 구매하는 경향도 강하다.

① 1982년부터 2000년 사이에 출생한 베이비붐 세대의 자녀 세대인 Y세대는 밀레니엄세대라고도 하고, 베이비붐 세대가 낳았다고 해서 에코세대(메아리세대)라고도 불리며 다른 나라 문화나 다른 인종에 대한 거부감도 적고, 지적 수준이 높고, 반항 · 도전정신을 가지고 있다. 개인 · 개방 · 감성주의가 이들의 특징으로 모방심리, 호기심이 많고, 튀는 패션에 쇼핑을 즐기고 소비력이 왕성하다.

③ N세대는 'Net 세대'의 줄임말로, 인터넷으로 대표되는 '네트워크 세대'라는 의미를 지닌다. N세대는 1970년대 중반 이후에 태어나 경제적 혜택과 문화적 혜택을 동시에 누린 X세대 중에서도 특히 컴퓨터에 익숙한 세대를 가리키는 말이다. 대개 1977년 이후 태어난 N세대는 인지능력이 생길 때부터 컴퓨터와 친숙해졌고, 인터넷을 자유자재로 활용하며 인터넷이 구성하는 가상공간을 삶의 중요한 무대로 인식한 세대다.

④ P세대는 사회 전반에 적극적으로 참여하며, 열정과 힘을 바탕으로 사회적 패러다임의 변화를 주도하는 세대로 2002년 한 · 일 월드컵, 촛불시위, 대통령선거 등을 주도한 우리 사회변화의 주역을 P세대로 명명하고 있는데 1989년 해외여행 자유화와 노마디즘(유목주의), 1990년대 이후 문민정부 출범으로 정치 참여 기회와 영향력의 증대, 외환위기 이후의 세계화의 확산, 인터넷과 휴대전화 보급으로 인한 다양한 커뮤니케이션이 가능한 정보가 생활의 중심이 되는 것, 경제성장을 통해 다양한 소비의식을 지니게 된 것 등이 P세대가 성장할 수 있었던 배경으로 분석되었다.

1DAY

2DAY

3DAY

29 다음 중 액티브 시니어에 대한 설명으로 옳지 않은 것은?

① 주로 40~50대 소비층을 일컫는다.

② 여가 및 사회활동에도 적극적으로 참여한다.

③ 외모나 건강관리 등에 관심이 많아 자신에 대한 투자를 아끼지 않는다.

④ 1970~80년대를 거치며 축적한 경제력으로 소비시장의 주요 고객층으로 부상했다.

액티브 시니어(Active Senior)는 은퇴 후에도 소비생활과 여가생활을 즐기며 사회활동에 적극적으로 참여하는 50~60대 세대를 지칭하며 건강하고 적극적으로 은퇴생활을 하는 활기찬 은퇴자를 말하며 전통적인 고령자와는 달리 가족 중심주의에서 벗어나 자신에게 투자를 아끼지 않으며 자기계발과 여가활동, 관계 맺기에 적극적이다. 이들은 외국어, 컴퓨터 교육, 미용, 운동 등 다양한 활동을 즐기고 공연관람 등 침체된 문화 시장의 주요 계층으로 떠오르고 있다.

정답 27 ① | 28 ② | 29 ①

30 다음 중 현대자동차가 선보인 신개념 모빌리티 솔루션이 아닌 것은?

① 도심 항공 모빌리티 ② 마이크로 모빌리티
③ 목적 기반 모빌리티 ④ 모빌리티 환승 거점

정답 해설 현대자동차는 미국 라스베이거스에서 열린 세계 최대 IT 가전전시회인 'CES 2020'에서 개인용 비행체를 통해 도심 하늘길을 열고 땅에서는 개인별 맞춤형 이동 수단을 통해 통합 모빌리티 솔루션을 구축한다는 '스마트 모빌리티 전략'을 발표했고 이와 함께 미래 모빌리티 비전 구현을 위해 도심 항공 모빌리티(UAM), 목적 기반 모빌리티(PBV), 모빌리티 환승 거점(Hub)라는 신개념 모빌리티 솔루션을 발표했다.

31 다음 중 크런치 모드의 존재가 처음 알려진 업계는?

① 의료 업계 ② 디자인 업계
③ 소프트웨어 업계 ④ 출판 업계

정답 해설 크런치 모드(Crunch Mode)는 게임 등 소프트웨어 개발 업계에서 마감을 앞두고 소프트웨어 개발 마감 시한을 맞추기 위하여 수면, 영양 섭취, 위생, 기타 사회활동 등을 포기하고 연장 근무하는 것을 말한다. 몇몇 게임 개발자들의 과로사와 자살 이후 국내 개발 업계의 근로 환경이 이슈가 되었으며, 크런치 모드는 연장 근무와 고강도 노동을 당연시하는 관행을 단적으로 보여주는 개념으로서 대중적으로 알려졌다.

32 다음 중 편리미엄이 적용된 상품이 아닌 것은?

① 전기를 동력으로 움직이는 자동차
② 식재료를 데우기만 하는 간편식
③ 적은 노동력으로 가사 부담을 덜어주는 의류건조기
④ 머리 감는 시간을 줄여주는 드라이 샴푸

정답 해설 편리미엄은 편리함과 프리미엄을 결합한 용어로, 편리함이 중요 소비 트렌드로 부상하고 있음을 나타내는 말이며 소비자들이 가격이나 품질 등 가성비를 넘어 시간과 노력을 아낄 수 있는 편리한 상품이나 서비스를 선호하는 현상을 가리킨다.

33 다음 중 불쾌한 골짜기에 대한 설명으로 올바르지 않은 것은?

① 인간이 인간과 다른 로봇의 모습과 행동에 거부감을 느낀다.

② 어느 정도 도달하게 되면 섬뜩함과 혐오감을 느낀다.

③ 인간과 완전히 구별할 수 없을 정도가 되면 다시 호감도가 증가한다.

④ 일본의 로봇 공학자가 처음 주장했다.

정답 해설 불쾌한 골짜기(Uncanny Valley)는 인간이 인간과 거의 흡사한 로봇의 모습과 행동에 거부감을 느끼는 감정 영역으로 1970년 일본의 로봇 공학자 모리 마사히로에 따르면 로봇이 사람과 흡사해질수록 인간이 로봇에 대해 느끼는 호감도가 증가하지만 어느 정도 도달하게 되면 섬뜩함과 혐오감을 느끼게 되고 로봇의 외모나 행동이 인간과 완전히 구별할 수 없을 정도가 되면 다시 호감도가 증가해 인간에게 느끼는 감성과 비슷해진다.

34 누에고치란 뜻을 가진 남과 어울리기보다 개인의 공간에서 안락함과 편안함을 추구하는 사람들을 뜻하는 말은?

① 노마드족 ② 리터루족

③ 코쿤족 ④ 슬로비족

정답 해설 코쿤족은 누에고치란 뜻을 가진 남과 어울리기보다 개인의 공간에서 안락함과 편안함을 추구하는 사람들로 불확실한 사회와 단절되어 안전한 곳에서 보호받고 싶은 욕구를 담고 있다.

오답 해설 ① 노마드족은 하나에 정착하지 않고 그때그때 이익이 되는 것을 찾아 움직이는 사람들을 뜻하는 말이며 노마드(Nomad)는 '유목민, 정착하지 않고 떠돌아다니는 사람'이란 의미로 정보기술의 발달로 등장한 21세기형 신인류를 뜻한다.

② 리터루족은 돌아가다(Return)와 캥거루의 합성어로 결혼 후 경제적 원인으로 다시 부모의 곁으로 돌아가는 사람을 뜻하는 신조어이다. 높은 전셋값 등의 주택 문제와 육아 문제 등이 리터루족 탄생의 주요 원인이라고 분석된다.

④ 슬로비족은 '천천히 그러나 더 훌륭하게 일하는 사람(Slow But Better Working People)'의 약칭으로 우수한 능력을 갖췄음에도 상대적으로 낮은 소득을 감수하며 가정생활에 많은 시간을 할애하는 특징을 지니며 일확천금에 집착하지 않고 성실하고 안정적인 생활에 삶의 가치를 더 부여하는 사람들이다.

35 다음 중 스프린트 방식의 과제 실행 방법으로 알맞지 않은 것은?

① 월요일 – 방향성 잡기　② 화요일 – 아이디어 스케치

③ 수요일 – 실행 방법 결정　④ 목요일 – 고객 반응 관찰

정답해설 스프린트(Sprint)는 구글의 수석 디자이너 제이크 냅 외 2인이 쓴 책이름이자 구글과 스타트업 기업들이 5일안에 핵심 과제를 해결하는 기획 또는 실행 방법으로 가령 월요일은 방향성 잡기, 화요일은 아이디어 스케치, 수요일은 실행 방법 결정, 목요일엔 프로토타입 만들기, 금요일에는 고객 반응 관찰 등과 같다. 단, 모든 과정은 요일, 시간대별로 촘촘하게 쪼개 팀원이 해야 할 일과 해서는 안 될 일을 구체적으로 정하는 것이 중요하다.

36 부서 간 경계를 허물고 필요에 맞게 소규모 팀을 구성하여 업무를 수행하는 조직문화를 뜻하는 용어는?

① 매트릭스 조직　② 애자일 조직

③ 벨크로 조직　④ 횡단 조직

정답해설 애자일 조직(Agile Organization)은 민첩하고 기민한 조직이라는 뜻으로 부서 간 경계를 허물고 필요에 맞게 소규모 팀을 구성하여 업무를 수행하는 조직문화를 뜻하며 가장 큰 목표는 불확실성이 높은 비즈니스 상황 변화에 대응하여 빠르게 성과를 도출하는 것으로, 이들은 프로젝트 사전에 완벽한

분석이나 기획을 추구하는 대신 사전 분석이나 기획을 최소화하고 시제품 등을 통해 외부 피드백을 지속적으로 반영하여 업무 완성도를 높이는 것이 특징이다.

오답해설 ① 매트릭스 조직(Matrix Organization)은 기존의 기능부서 상태를 유지하면서 특정한 프로젝트를 위해 서로 다른 부서의 인력이 함께 일하는 현대적인 조직설계방식이다.

③ 벨크로 조직(Velcro Organization)은 조직의 지식 · 경험을 뒷받침하는 정보시스템이 정착됨에 따라 역할의 책임과 권한이 부여되는 유연하고 탄력적인 조직 형태를 뜻한다. 기존의 매트릭스 조직에서 보여줬던 변화와 혁신에 둔감한 문제점을 극복하기 위한 조직모델로 벨크로 조직에 대한 관심이 증대되고 있다.

④ 횡단 조직은 통상의 종적 조직의 권한 라인과 교차하는 형태로 횡적인 정보전달의 채널을 내장하고 현대적 조직형태를 총칭하는 말이자 조직의 경직화를 방지하기 위한 것으로, 관련 담당자간의 직접 절충, 횡적 조직의 위원회 설치, 연락담당직의 설치 등에서 시작해 프로젝트 팀, 전담반 등 프로젝트 매니저로 대표되는 횡단적 통합담당직이나 보다 복잡한 매트릭스 조직 등이 있다.

37 다음 중 미닝아웃에 대한 설명으로 올바른 것은?

① 소비행위를 통해 자신의 신념을 표현한다.

② 전통적인 소비자 운동과 같은 한정된 형태로 나타난다.

③ 확실하게 실현 가능한 행복을 추구한다.

④ 스트레스와 피로를 풀며 안정을 취할 수 있는 공간을 추구한다.

정답해설 미닝아웃(Meaning Out)은 소비자 운동의 일종으로서, 정치적 · 사회적 신념과 같은 자기만의 의미를 소비행위를 통해 적극적으로 표현하는 것을 말한다.

오답해설 ② 미닝아웃은 전통적인 소비자 운동인 불매운동이나 구매운동에 비해 다양한 형태로 나타나며, 흡사 놀이나 축제와 같은 특징을 지닌다. 즉, 미닝아웃은 소셜 네트워크 서비스(SNS)의 해시태그 기능을 사용하여 적극적으로 자신의 신념을 공유하고, 사회적 관심사를 이끌어낸다.

③ 소확행에 대한 설명으로 주택 구입, 취업, 결혼 등 크지만 성취가 불확실한 행복을 좇기보다는, 일상의 작지만 성취하기 쉬운 소소한 행복을 추구하는 삶의 경향, 또는 그러한 행복을 말한다.

④ 케렌시아(Querencia)에 대한 설명으로 몸과 마음이 지쳤을 때 휴식을 취할 수 있는 나만의 공간, 또는 그러한 공간을 찾는 경향을 의미한다.

정답 35 ④ | 36 ② | 37 ①

38 다음 중 조모에 대한 설명으로 옳지 않은 것은?

① 유행에 뒤처지는 걸 두려워하지 않는다.
② SNS를 배척하고 온라인 모임을 갖지 않는다.
③ 제2의 나를 필요로 한다.
④ 자신의 시간을 가지려는 경향이 강해지면서 생겨났다.

정답 해설 조모(JOMO)는 '잊히는 즐거움(Joy Of Missing Out)'의 약자로 디지털과 연결된 보여주기식 관계 대신 유행에 뒤처지는 걸 두려워하지 않고 경험 자체를 즐기는 사람들을 의미하며 SNS는 시간을 낭비하는 것으로 생각하기 때문에 관련 앱을 모두 배척하거나 온라인 모임을 가지지 않는다. 이러한 현상의 확대는 경제 불황의 지속과 이에 따른 취업난으로 청년층의 자신의 시간을 가지려는 경향이 강해졌기 때문으로 분석된다. ③은 이의 반대인 포모(FOMO)에 대한 설명으로 유행에 뒤처지면 누군가에게 잊힐지 모른다고 느끼거나 다른 사람이 자신보다 더 만족스러운 삶을 사는 것 같아서 공포를 느낀다는 의미이며 스스로를 '제2의 나'가 필요한 존재로 인식하며 또 다른 나를 상대적으로 자유롭게 표현 가능한 사이버 공간에서 페르소나로 만들며 그들만의 만족감을 채우기도 한다.

39 다음 중 코로나바이러스 감염증－19의 감염을 예방하는 방법으로 올바르지 않은 것은?

① 보건용 마스크를 착용한다.
② 흐르는 물에 30초 이상 손을 씻는다.
③ 깨끗한 물을 자주 섭취한다.
④ 사람들이 밀집한 지역에 접근하지 않는다.

정답 해설 질병관리본부에서 발표한 코로나바이러스 감염증－19의 예방법은 증상이 있는 사람과의 접촉을 피하기 위해 사람들이 밀집해 있는 장소나 지역에 가능한 한 접근을 삼가고 흐르는 물에 30초 이상 손 씻기, 외출하거나 의료기관에 들를 때 마스크 착용 등이 있다.

40 다음 중 봉준호 감독이 제작한 영화가 아닌 것은?

① 기생충　② 친절한 금자씨

③ 괴물　④ 설국열차

정답 해설 〈친절한 금자씨〉는 박찬욱 감독이 만든 작품이다.

정답 38 ③ | 39 ③ | 40 ②